Suhrkamp BasisBiographie 50 **Max Frisch**

Leben Werk Wirkung

Andreas B. Kilcher, 1963 in Basel geboren, ist seit 2008 Professor für Literatur- und Kulturwissenschaft an der ETH Zürich. Einer seiner Arbeitsschwerpunkte ist die Literatur des 20. Jahrhunderts, dabei insbesondere die deutsch-jüdische Literatur- und Kulturgeschichte. Mit Max Frisch beschäftigt er sich seit seiner Arbeit an der ETH Zürich, wo das Max Frisch-Archiv seinen Sitz hat. In der Reihe Suhrkamp BasisBiographie erschien von Andreas B. Kilcher bereits der Band über Franz Kafka (2008).

Max Frisch

Suhrkamp BasisBiographie
von Andreas B. Kilcher

Für Alix

Suhrkamp BasisBiographie 50 Erste Auflage 2011 Originalausgabe

Druck: Kösel, Krugzell · Printed in Germany
Umschlag: Hermann Michels und Regina Göllner
ISBN 978-3-518-18250-5
Die Schreibweise entspricht den Regeln der neuen Rechtschreibung, Zitate wurden in ihrer ursprünglichen Schreibweise belassen.

1 2 3 4 5 6 – 16 15 14 13 12 11

Inhalt

Wirkung

Anhang

Frischs Schreibmaschine

Die Schreibmaschine war für Max Frisch mehr als nur ein Schreibgerät auf der Höhe der Zeit. Sie bedeutete ihm den Freiraum des Schreibens und das Accessoire *par excellence* dessen, der sich zur Literatur entschieden hat. Schon der Schüler schrieb auf einer »gemieteten Maschine droben im Estrich« des Elternhauses erste Theaterstücke (GW II, S. 585). Die Grenzüberschreitung dieser Freiheit deutete er auch ökonomisch. Zuerst als Miet-, dann als Besitzobjekt, überstieg die Schreibmaschine seine finanziellen Möglichkeiten: »Ich habe nie Schulden gemacht, ausgenommen ein Mal: meine erste Schreibmaschine, REMINGTON PORTABLE, eine Occasion, kostet 150 Franken, ich kann aber nur 50 Franken anzahlen. Ich weiß, daß ich den Rest nie bezahlt habe ...« (GW VI, S. 731). Dementsprechend war es wesentlich eine Schreibmaschine, die Frisch 1942 in die Ehe einbrachte. »Ich habe wenig in die erste Ehe gebracht, eine Couch, eine Decke zu dieser Couch, die Schreibmaschine, Bücher, einen Schreibtisch [...]« (GW VI, S. 734). Konsequent ist auch, dass der junge Vater für seine Kinder primär mit Tippgeräusch verbunden war, so Tochter Ursula im Rückblick: »In der Mansarde das Klappern der Schreibmaschine – nicht dass ich unten im Garten beim Spielen besonders darauf geachtet hätte, aber das Geklapper bedeutete: er ist da. Und gleichzeitig hieß es, dass er unerreichbar weit weg ist. [...] auch nicht mit einem aufregenden Kindererlebnis, das ich ihm hätte erzählen wollen, war er von seiner Schreibmaschine wegzubekommen.« (Priess 2009, S. 66 f.) Auch der Militärdienst zwischen 1939 und 1945 konnte das Schreiben an der Maschine nicht verhindern. Die *Blätter aus dem Brotsack* (1940) entstanden nicht etwa handschriftlich auf dem Feld, sondern auf einer »zur Verfügung« gestellten »feldgraue[n] Schreibmaschine« (GW I, S. 127).

Während weder Familie noch Militär das Schreiben an der Maschine aufhalten konnten, tat dies zeitweise der Architektenberuf. Nach seiner Entscheidung gegen die Literatur und für den bürgerlichen Beruf um 1937 trat symptomatisch die Schreibmaschine gegenüber den Zeichenutensilien des Architekten – »Reißbrett, Bleistift, Rechenschieber, Pauspapier, Zirkel« (GW

VI, S. 703) – zurück. Die Rückkehr zur Literatur wenige Jahre später ging mit einer umso entschiedeneren Rehabilitation der Schreibmaschine einher. Geradezu eine Apologie der Maschine leistet der Roman *Homo faber* (1957). Deutlich wird dabei, dass Schreiben für Frisch kein vormoderner geistiger, sondern ein technisch vermittelter Vorgang war, ohne Angst vor Medium und Maschine. Die Haltung Fabers (Frischs) unterscheidet sich darin diametral von der Auffassung eines Kulturpessimisten à la Martin Heidegger, der gegen die Schreibmaschine die vormoderne Metaphysik der Handschrift hielt: »Die Schreibmaschine entreißt die Schrift dem Wesensbereich der Hand«, so Heidegger 1942 (Heidegger 1982, S. 119). Frischs technophiler Faber dagegen hasst die Handschrift und reiht neben Opel, Super-Constellation, Rasierer und Kamera seine HERMES-BABY ein – eine verbreitete Schreibmaschine der Nachkriegszeit, wie sie Frisch selbst bevorzugte. Dass es sich dabei um eine *Reise*schreibmaschine handelt, ist auch für Frisch bedeutsam: Viel unterwegs, brauchte er ein mobiles Gerät. Auch Faber ist – selbst nach der Notlandung in der mexikanischen Wüste – mit seiner Maschine beschäftigt und schreibt auf ihr das, was nicht ins bürgerliche Schema passt: »Man mußte fast schreiben, bloß damit die lieben Leute nicht fragten, ob man denn keine Frau habe, keine Mutter, keine Kinder, – ich holte meine Hermes-Baby (sie ist heute noch voll Sand) und spannte einen Bogen ein [...].« (GW IV, S. 29 f.) Die »Hermes-Baby« ist dann auch fast das Einzige, was dem todkranken Nomaden Faber geblieben ist: »Ich habe nur meine Mappe, meine Hermes-Baby, Mantel und Hut, so daß der Zoll sofort erledigt ist.« (GW IV, S. 197) Nicht zufällig wird ihm im Krankenhaus eben dieses – laute – Accessoire abgenommen, während er zur vortechnischen Handschrift genötigt wird: »Sie haben meine Hermes-Baby genommen [...] weil Ruhestunde. Ich solle von Hand schreiben! Ich kann Handschrift nicht leiden [...].« (GW IV, S. 161)

Mit Ingeborg Bachmann, seiner Partnerin in Rom, war Frisch auch im Schreibmaschinenschreiben auf Augenhöhe. Während sie jedoch auf einer elektrischen IBM arbeitete, hämmerte er auf mechanischen Maschinen, was in der gemeinsamen Woh-

nung in Rom zu Spannungen führte, wie sich der befreundete Hans Werner Henze erinnert: »Hörte er ihre Maschine klappern, mußte er aufhören zu arbeiten. [...]. Und wenn Ingeborg den Max tippen hörte – er war besonders fleißig, bekanntlich –, ging sie ins Café Greco oder unter die Haube des Friseurs, wo sie stundenlang Illustrierte las.« (Henze 1996, S. 236) Das lange und laute Tippen auf der Maschine wurde Frischs charakteristische Geste. In seinem Haus in Berzona, das er nach dem Kauf 1964 umbauen ließ, hämmerte er mit den Handwerkern um die Wette: »Wenn ich an der Schreibmaschine sitze, stören mich die klopfenden Arbeiter nicht, im Gegenteil: wir arbeiten.« (GW VI, S. 746) Zehn Jahre später in New York kauft er eine *Olivetti Lettera* – verbunden mit einem neuerlichen Bekenntnis zur physischen Arbeit an der Maschine: »Diese Obsession, Sätze zu tippen –« (GW VI, S. 630).
Als sich Frisch im letzten Lebensjahrzehnt vom Schreiben zurückzog, kehrte sich die »Obsession« für die Maschine in »Ekel« vor ihr um, wie er 1979 an Uwe Johnson schrieb: »Es ist [...] das erste Mal, daß ich wochenlang nichts schreibe. Ich habe auch kein Projekt, jedenfalls keines, das mich an die Schreibmaschine zieht. Was kann die Schreibmaschine dafür, daß ich Ekel vor ihr empfinde (– wie vor der Handschrift übrigens

Max Frisch mit Schreibmaschine, Sarrazinstraße, Berlin 1972

auch) […].« (FJB, S. 214) Ein modernes leidenschaftliches Schriftstellerleben *mit* der Schreibmaschine sucht sein Ende im Affekt *gegen* sie.

Leben

Familiengenealogien und Kindheit (1911-1924)

Als einfache, als »kleinbürgerliche« Verhältnisse bewertete Frisch im Nachhinein das Umfeld seiner familiären Herkunft im Zürich der 1910er und 1920er Jahre. Doch als ganz gewöhnlich schilderte er diese Familienverhältnisse, denen er entstammte, dennoch nicht. In ihren späteren Beschreibungen jedenfalls verlieh er seinen väterlichen wie mütterlichen Genealogien eine spezifische kulturelle, gar politische Note: Er stellte sie als Einwanderergeschichten dar. Die Fakten, wonach er als jüngster Sohn von Franz Bruno Frisch (1871-1932) und Karolina Bettina Frisch, geb. Wildermuth (1875-1966), am 15. Mai 1911 in Zürich geboren wurde, erzählte er nur scheinbar nüchtern. Mehr oder weniger hintergründig versah er sie mit einer Botschaft. Dies zeigt eine Passage aus dem *Tagebuch 1946-49*, eine der wenigen autobiographischen Selbstdarstellungen Frischs. »Unser Name ist nicht schweizerischen Ursprungs«, konstatiert Frisch und erklärt seine Vaterseite: »Ein Großvater [Franz Frisch, 1838-1892], der als junger Sattler einwanderte, brachte ihn aus der österreichischen Nachbarschaft; in Zürich, wo es ihm anscheinend gefiel, heiratete er eine Hiesige, Naegeli mit Namen, Tochter einfacher Leute.« (GW II, S. 584) Gemeint war Maria Luise Naegeli (1850-1899), eine Büglerin aus Kilchberg.

Einwanderergeschichten

Der österreichischen Einwanderergeschichte auf der Vaterseite entsprach eine deutsche auf der Mutterseite: »Auch der mütterliche Stamm ist vermischt; dort war es ein Urgroßvater, der von Württemberg kam, namens Wildermuth [Gottlieb Wildermuth, 1836 als Bäcker in Zürich eingebürgert], und schon mit seinem Sohn, meinem Großvater also, fing es an: er nannte sich Maler, trug eine erhebliche

Frisch als Junge, 1913

Krawatte, weit kühner als seine Zeichnungen und Gemälde; der heiratete dann eine Baslerin namens Schulthess [...] und leitete die Kunstgewerbeschule unserer Stadt. Viel mehr über meine Herkunft weiß ich nicht.« (ebd.) Bemerkenswert ist, dass Frisch diese doppelte Einwanderergeschichte seiner Eltern rund zwanzig Jahre später in der Rede *Überfremdung II* (1966) noch einmal erzählte, diesmal mit einer noch deutlicher politischen Note: als Beispiel »zum Problem der Assimilation«, mithin als erfolgreiche Einwanderergeschichten gegen die Angst vor dem Fremden (GW V, S. 398 f.).

Vaterseite

Im Züricher Quartier Hottingen an der Heliosstraße 31 lebte die Familie Frisch vor und während des Ersten Weltkrieges in einfachen Verhältnissen. Dem Jungen prägte sich eine Ökonomie der Bescheidenheit ein: »Ein Velo, ein rotes Rennrad, das beim Händler steht, davon träume ich jahrelang. Ich weiß: Das steht mir nicht zu. Das kann mein Vater nicht kaufen. Oft macht es ihm schon Kummer, wenn ich Lehrbücher kaufen muß, ein Reißzeug. Ich erinnere mich an die stete Angst der Mutter vor der Pfändung.« (GW VI, S. 730) Der Vater arbeitete bis zum Ersten Weltkrieg als Baumeister und Architekt ohne Fachausbildung in Zürich. Im Krieg konnte er seine Anstellung nicht halten; er wurde arbeitslos und betätigte sich von da an bis zu seinem frühen Tod 1932 als »kleiner Makler«; anstatt Vermögen hinterließ er Schulden. Zur Erfahrung der unsicheren ökonomischen Lage der Familie, für die sich in Frischs Gedächtnis rationiertes Gas, Fallobst und Kartoffeln eingeprägt hatten, kam eine emotionale Distanz zum Vater, »eine schwache, eigentlich eine Nicht-Beziehung«, wie er in einem Interview rückblickend beschreibt: »Ich rede auch nie von meinem Vater. Dabei ist nicht etwa irgendetwas Fürchterliches zu überdecken. Es ist von

Der Vater, 1921

meiner Seite eine Gefühlslücke [...]. Etwas über meinen Vater zu schreiben wäre eine für mich notwendige Arbeit. Es kann ja nicht einfach ein Vakuum sein.« (IH, S. 14)

Dem abwesenden Vater steht eine präsente Mutter gegenüber, die 91 Jahre alt wurde. Nähe konstatierte Frisch schon zu ihrem Künstler-Vater Hans Wildermuth (1846-1902), der als Dekorationsmaler Direktor der Kunstgewerbeschule Zürich wurde. Als Junge bewunderte er auch ihre Erzählungen aus der fernen Welt, zumal von ihrer Zeit als Kindermädchen in Wien, Berlin und im zaristischen Russland.

Die Mutter, 1894

Die emotionale Nähe zur Mutter war allerdings auch ökonomisch bedingt, als Frisch nach dem Tod seines Vaters im März 1932 als junger Mann nochmals mit seiner Mutter umzog: Die Familie musste sich einschränken, Frisch musste Geld verdienen. Bis zuletzt aber blieb das Idealbild der Mutter erhalten, auch physisch: Ein Jugendbild der Mutter erhielt stets einen besonderen Platz in seinen Wohnungen.

»Rußland war für mich immer das Märchenland: Wie sie von den Wölfen erzählt hat! Wenn man krank war, durfte man das russische Album anschauen. So war Rußland: Mütterchen Rußland. Das Bild, das ich von meiner Mutter habe, ist eine Art Ikone.« (Max Frisch im Interview mit Volker Hage 1981; IH, S. 15)

Frisch hatte zwei Geschwister: eine Halbschwester aus erster Ehe des Vaters, Emma Elisabeth (1899-1972), und einen acht Jahre älteren Bruder Franz (1903-1978). Während ihm die Halbschwester recht fern stand, verband ihn mit dem Bruder viel, der zugleich konkurrierendes Geschwisterkind und Vaterersatz war: »Er wußte immer mehr, war immer diesen Sprung voraus, der stimulierend ist. Große Spannungen, glaube ich,

Frisch mit dem Bruder Franz, 1919

gab es nicht. […] Er hat ein bißchen den Vater ersetzt.« (IH, S. 13 f.) Während der kleine Max Fußball spielen wollte, führte der große Franz autodidaktische Chemieexperimente in der Küche durch: »Ein Buch auf dem Fenstersims, Retorten mit gelben Dämpfen, Bunsenbrenner, Röhren wie gläserne Gedärme, hin und wieder ein Knall, gewollt oder ungewollt, das waren so die Sonntagnachmittage, die regnerischen, wenn man unmöglich Fußball spielen konnte.« (GW II, S. 584) Das Fußballspiel zog Frisch auch dem Lesen vor; während seine Kameraden Karl May verschlangen, las Frisch wenig, »außer Don Quixote und Onkel Toms Hütte, die mir unsäglich gefielen, aber genügten« (GW II, S. 584).

Gymnasium und Universität (1924-1934)

Kantonales Realgymnasium

Werner Coninx

Im Frühjahr 1924 trat Frisch in das Kantonale Realgymnasium an der Rämistraße am Zürichberg ein, das er 1930 mit der Matura abschloss. Prägender als der Schulunterricht war die Freundschaft mit Werner Coninx (1911-1980), die sich in dieser Zeit herausbildete und von Frisch in *Montauk* porträtiert wurde. Es war ein ungleiches Verhältnis, das Frisch aus der durch finanzielle Enge geprägten kleinbürgerlichen Familie in eine groß- und bildungsbürgerliche Welt brachte. Werners Vater Otto Coninx leitete die Tages-Anzeiger AG, er selbst jedoch interessierte sich viel mehr für Philosophie, Musik und Kunst; später sollte er eine bedeutende Kunstsammlung aufbauen. »Wie einen Diogenes, unabhängig durch Geistigkeit« (GW VI, S. 639) gegenüber der durch Luxus geprägten großbürgerlichen Welt, so sah ihn Frisch. Die beiden Gymnasiasten trieben gemeinsam Sport: Schwimmen, Wandern, Skifahren und – auf dem privaten Platz der Coninx' gespieltes – Tennis standen auf dem Programm. Vor allem aber vermittelte Coninx seinem Freund Frisch die Sphären von Kunst, Musik, Philosophie und Literatur: Durch ihn lernte Frisch die Maler Caspar David Friedrich, Jean-Baptiste Camille Corot und Pablo Picasso kennen, aber auch die Komponisten Johann Sebastian Bach, Wolfgang Amadeus Mozart, Josef Anton Bruckner, ebenso wie die Philosophen Friedrich Nietzsche, Oswald Spengler, Arthur Schopenhauer und die Schriftsteller Hans Carossa, André Gide und

Frisch (2. v. l.) und Werner Coninx (7. v. l., stehend), Klassenfoto 1930

August Strindberg. Das waren nicht Vertreter der Avantgarde des 20., sondern der spätbürgerlichen Moderne des 19. Jahrhunderts. Nicht zu übersehen war auch der ökonomische Aspekt dieser ungleichen Freundschaft, die einer Ökonomie der Gabe folgte: Coninx beschenkte Frisch unter anderem mit Anzügen, lud ihn in Konzerte ein, später sollte er ihm gar ein ganzes Studium der Architektur über vier Jahre hinweg finanzieren – mit 16 000 Franken kein kleiner Betrag. Frisch nahm diese Geschenke aus dem »reichen Haus« an, allerdings nicht ohne Gefühl der Scham, ja Minderwertigkeit: »Ich fragte mich oft, was W. denn an mir habe.« (GW VI, S. 638) Frisch mochte die Schieflage dieser Freundschaft auf der materiellen und pekuniären Ebene wie auf der ideellen und intellektuellen Ebene in der Schülerzeit und zu Beginn des Studiums zunächst noch wenig empfunden haben.

»Er [Werner Coninx] war ein herzlicher Freund, mein einziger Freund damals, denn neben W. war irgendein andrer kaum denkbar [...].« (Max Frisch, *Montauk*; GW VI, S. 638)

Dennoch summierte sich zunehmend das Gefühl nicht nur einer »lebenslänglichen Dankesschuld« (GW VI, S. 636), sondern auch von Unterlegenheit: »daß ich alles in allem vor diesem Menschen nicht bestehen kann« (ebd.). Besonders schmerzlich wurde dieses Gefühl in Bezug auf das Schreiben, dem Coninx mit beträchtlicher Skepsis gegenüberstand. Auf lange Sicht konnte dies keine Basis für eine Freundschaft sein, und so mündet das nachträgliche Porträt dieser Freundschaft in *Montauk* – das er mit 63 / 64 Jahren verfasste – in einer negativen Bilanz: »Ich meine, daß die Freundschaft mit W. für mich ein fundamentales Unheil gewesen ist und daß W. nichts dafür kann. Hätte ich mich ihm weniger unterworfen, es wäre ergiebiger gewesen, auch für ihn.« (GW VI, S. 649) Der Schriftsteller Frisch musste sich von dem Freund wie von einer Vaterfigur lösen, um zu sich zu kommen.

Rekrutenschule, vgl. S. 29

Frisch beendete das Realgymnasium Ende Juni 1930 mit der Matura, »die ich natürlich als überflüssig, förmlich, lächerlich und spießig erachtete und nur dem Vater zuliebe machen mußte« (GW II, S. 585). Wie üblich, absolvierte er danach die Rekrutenschule (in Thun) und wurde im Frühjahr 1931 zur Offizierslaufbahn vorgeschlagen – er lehnte ab. Was den Eltern verwehrt war, sollte den Söhnen ermöglicht werden: ein Universitätsstudium.

Student der Germanistik

»Es ist der Ehrgeiz von Vater und Mutter, daß wir Akademiker werden, Studium nach eigner Wahl. So werde ich Student der Germanistik [...]« (GW VI, S. 730), während der Bruder bereits ein Studium der Chemie absolviert hatte. Germanistik schien das naheliegende Fach für einen zu sein, der mit der Welt der Literatur und des Theaters liebäugelte und sich zu der Zeit bereits als Journalist versuchte. So nahm er im Wintersemester 1930 / 31 ein Literaturstudium an der Universität Zürich auf.

Zürcher Literaturstreit, vgl. S. 65

Die Lehrer im Hauptfach Germanistik waren, neben dem etablierten konservativen Ordinarius Emil Ermatinger, vor allem der außerordentliche Professor Robert Faesi sowie der junge Privatdozent Walter Muschg. Unter den Ermatinger-Schülern lernte Frisch auch Emil Staiger kennen, mit dem er lange Zeit befreundet war, bis hin zum sogenannten Zürcher Literaturstreit im Jahr 1966. Der auch schriftstellerisch tätige Germanist Faesi war politisch kaum weniger konservativ als Ermatinger; mit seiner Erzählung *Füsilier Wipf* (1917) gab er eine literarische Vorlage für die »geistige Landesverteidigung«, ein kulturpolitisches Abwehrprogramm der Schweiz gegen das nationalsozialistische Deutschland. Zwar setzte er sich nach 1933 auch für Exilautoren wie Else Lasker-Schüler ein, doch ansonsten »erzählt er vielleicht von Rilke, liest das Einsamkeitsgedicht von Hesse«, wie Frisch 1933 in einem Zeitungsartikel über seine *Professores* schrieb (VP, S. 531). Dabei unterstützte Faesi auch seinen Studenten Max Frisch, indem ihm der »liebenswürdige Professor« nach dem unerwarteten Tod seines Vaters am 19. März 1932 ein Stipendium verschaffte, »damit ich weiter studieren könne« (GW VI, S. 730). Faesi förderte jedoch nicht nur Frischs Studium, sondern auch seine schriftstellerischen Anfänge, indem er ihn sowohl an die Deutsche Verlags-Anstalt als auch an Eduard Korrodi (1885-1955) vermittelte, Frischs ersten Rezensenten. Korrodi, von Frisch als das »literarische Bundesgericht« (PE, S. 43) charakterisiert, war von 1914 bis 1950 Feuilletonchef der *Neuen Zürcher Zeitung* (NZZ) und prägte das Blatt über lange Jahre mit einer liberal-konservativen Haltung, auch indem er sich offen gegen eher links stehende Intellektuelle wie Walter Muschg und Albin Zollinger stellte, Letzterer ein vom jungen Frisch höchst bewunderter Autor, auf den er 1941 (zu seinem Tod), 1942 und 1961 Gedächtnisessays schrieb (GW I, S. 197-213; GW IV, S. 265-271).

Albin Zollinger

Walter Muschg

Walter Muschg wiederum, ebenfalls ein Ermatinger-Schüler, hatte eine politisch wie literarisch konträre Position zu den liberal-konservativen Professoren. In den 1920er Jahren lernte er in Berlin die literarischen Expressionisten kennen und machte diese stark, darunter Karl Kraus, Franz Kafka, Georg Trakl, Oskar Loerke, Alfred Döblin und Hans Henny Jahnn – Namen, die in Frischs früher Bildung weitgehend absent waren. Nach 1933 grenzte Muschg sich, etwa in seiner Basler Antrittsvorlesung (1936), von nationalsozialistischen Literatur- und Kulturvorstellungen ausdrücklich ab, um sich zugleich für eine großzügige Asylpolitik einzusetzen. Der junge Dozent jedenfalls wurde von den Studenten sehr geschätzt, wie Frisch 1933 schrieb: »Wir haben ihn gern. Wir hangen an seinen Vorträgen.« (VP, S. 531)

Frisch hörte auch Vorlesungen über die Germanistik hinaus: bei Größen wie dem Tiefenpsychologen C. G. Jung, dem Kunsthistoriker Heinrich Wölfflin, dem Strafrechtler Georg Franz von Cleric, dem evangelischen Theologen Emil Brunner und dem Romanisten Theophil Spoerri. Deutlich wird, dass Frisch das Studium der Germanistik wenig zielstrebig verfolgte, die Universität vielmehr zunehmend als ein »warenhaushaftes Nebeneinander« von Fächern verstand. So kann es nicht überraschen, dass ihm »alles Gehörte ohne gemeinsame Mitte« erscheinen musste und ihm – selbstkritisch – nur »das eigne wissenschaftliche Unvermögen« bewusst wurde (GW II, S. 586). Klar wurde ihm auf diese Weise, dass sein eigentliches Interesse nicht dem akademischen Studium galt – sondern der Literatur.

Anfänge als Schriftsteller (1932-1937)

Als Zäsur für den Abgang von der Universität setzte Frisch im Nachhinein den Tod des Vaters 1932, begründet mit einem ökonomischen Argument: »Ich mußte nun sehen, wovon ich mein Leben fristete.« (GW II, S. 586) Dieses Datum ist nicht wirklich zutreffend. Zwar ließ er das Sommersemester 1933 für eine Balkanreise ausfallen, doch exmatrikulierte er sich erst Ende 1934 und besuchte selbst danach noch Vorlesungen. Andererseits zeichnete sich eine Entscheidung zur Literatur schon früher ab: im Gymnasium. Am Anfang stand die Begeisterung insbesondere für das Theater, zunächst als Zuschauer im Schauspielhaus Zürich, so Frisch im Rückblick: »Ich erinnere mich: es waren Gedichte von Mörike, Stücke von Shakespeare und von Henrik Ibsen, die ich, als Fünfzehnjähriger, überhaupt nicht verstanden habe, aber ich hatte Lust, auch so etwas zu machen. Nachahmungstrieb.« (SQ, S. 38 f.)

Begeisterung für das Theater

»Eine Aufführung der Räuber, eine vermutlich sehr schwache Aufführung, wirkte so, daß ich nicht begriff, wieso Menschen, Erwachsene, die genug Taschengeld haben und keine Schulaufgaben, nicht jeden Abend im Theater verbringen. Das war es doch, das Leben.« (Max Frisch, *Tagebuch 1946-1949*; GW II, S. 584 f.)

Schon als 15-jähriger Gymnasiast um 1926 begann er also mit eigenen Theaterversuchen. Sein erstes Stück mit dem Titel *Stahl* sandte er an keinen Geringeren als den Theaterregisseur am Deutschen Theater in Berlin, Max Reinhardt. Es folgte eine freundliche Absage mit einer Aufmunterung zum Weiterschreiben. Belächelt von der Familie, schrieb er bis zur Matura weitere Stücke, wie eine Ehekomödie und eine »Farce über die Eroberung des Mondes« (GW II, S. 585). Der Weg zur Literatur über das Theater schien ihm jedoch bald ebenso versperrt wie – nach einigen Versuchen – derjenige über die Lyrik nach dem Vorbild Eduard Mörikes.

Als Probierfeld des literarischen Schreibens schien ihm dagegen zunehmend der Journalismus geeignet. Noch vor dem Studium wurde im Mai 1931 das Feuilleton *Mimische Partitur* veröffentlicht, ein Bericht über eine Theaterkunstausstellung, den er aufs Geratewohl der NZZ angeboten hatte. Der Artikel blieb vorerst ein isolierter Versuch. Entschiedener beschritt er den Weg zur Zeitung ein Jahr später nach dem Tod des Vaters, auch aus ökonomischen Gründen. Ebendiese Situation – Student bricht Studium ab und sucht Stelle als Journalist – machte Frisch unter dem Titel »Was bin ich?« zum Gegenstand eines literarisch-autobiographischen Feuilletons, das 1932 in der Zeitschrift *Zürcher Student* erschien. Der Text gibt, bei aller Pose, Einblick in die existentielle Befindlichkeit des 21-Jährigen am Scheideweg vom Studium zur Berufswelt und zur Eigenständigkeit nach dem Tod des Vaters; er probiert gewissermaßen szenisch die Bewerbung bei einer Zeitungsredaktion: »Vergangene Woche ist mir der Vater gestorben. Ich habe Literatur und Journalistik studiert. Mein Studium muß ich unverzüglich abbrechen, um mich aus eigener Kraft durchzuschlagen, so gut das eben geht. Ich bin

Titelseite der Studentenzeitung *Zürcher Student*, 1934

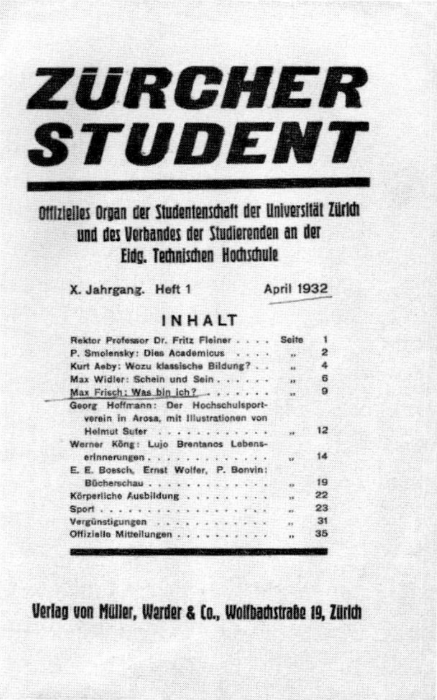
ZÜRCHER STUDENT

Offizielles Organ der Studentenschaft der Universität Zürich und des Verbandes der Studierenden an der Eidg. Technischen Hochschule

X. Jahrgang. Heft 1 April 1932

INHALT

Rektor Professor Dr. Fritz Fleiner	Seite	1
P. Smolensky: Dies Academicus	„	2
Kurt Aeby: Wozu klassische Bildung?	„	4
Max Widler: Schein und Sein	„	6
Max Frisch: Was bin ich?	„	9
Georg Hoffmann: Der Hochschulsportverein in Arosa, mit Illustrationen von Helmut Suter	„	12
Werner Köng: Lujo Brentanos Lebenserinnerungen	„	14
E. E. Boesch, Ernst Wolfer, P. Bonvin: Bücherschau	„	19
Körperliche Ausbildung	„	22
Sport	„	23
Vergünstigungen	„	31
Offizielle Mitteilungen	„	35

Verlag von Müller, Warder & Co., Wolfbachstraße 19, Zürich

einundzwanzig. Illusionen mache ich mir ja keine; aber ich vertraue auf meine journalistische Befähigung [...].« (GW I, S. 11 f.)

»[...] wenn einer so hier steht, einundzwanzig, brotlos und mit einem halben Studium als einzigen Besitz, – jetzt wird jene Frage schreiend und unheimlich laut: was bin ich?« (Max Frisch, *Was bin ich? (II)*; GW I, S. 16)

Tatsächlich wandte sich Frisch nach 1932 an verschiedene Zeitungsredaktionen, mit Erfolg in erster Linie bei der NZZ, wo allein in den drei Jahren seit April 1932 über hundert Artikel von ihm erschienen, aber auch in der *Zürcher Illustrierten*, den *Basler Nachrichten*, dem *Tages-Anzeiger*, dem *Zürcher Student*, der Basler *National-Zeitung*, der *Frankfurter Zeitung* und der *Kölnischen Zeitung* wurden einzelne Artikel veröffentlicht. Es waren dies teils Rezensionen und Kurzgeschichten, teils Reise- und Sportberichte sowie Lokalreportagen: »Als Journalist beschrieb ich, was man mir zuwies: Umzüge, Vorträge über Buddha, Feuerwerke, Kabarett siebenten Ranges, Feuersbrünste, Wettschwimmen, Frühling im Zoo; nur Krematorien habe ich abgelehnt. All das war auch keine unnütze Schule.« (GW II, S. 586) Zwar hatten nicht alle Beiträge die Intensität jener existentiellen Frage »Was bin ich?«, doch lassen nicht wenige die freie Subjektivität des Schreibenden erkennen, der – weit entfernt von zurückhaltender Sachlichkeit – sich in Szene setzte und Positionen markierte. Es ist ein literarisch intensiver Journalismus, den Frisch ausprobierte: Journalismus als Experimentierfeld der Literatur. Gegen das Gegenstück – Literatur als »bloßen Journalismus« – schrieb er in einer Rezension offen an. Sie vermöge zwar »mit saftigem Schmiß, mit dem erquickenden Reiz, einmal eine Seele« anzusprechen, doch »ohne großen Tiefgang«, »nicht von innen«, »nicht dichterisch«. »Es fehlt das Rauschen aus der Tiefe« (GW I, S. 32). Frisch wollte den Tiefgang ins Feuilleton bringen.

Rund ein Jahr schrieb Frisch Feuilletons in Zürich. Dann zog ihn »Abenteuerlust« aus dem Land. Zum Anlass nahm er die Eishockey-Weltmeisterschaft in Prag, deren Berichterstattung er der NZZ anbot. Am 16. Februar 1933 machte er sich auf den

Weg nach Prag. Doch sollte die Stadt an der Moldau nur eine erste Etappe sein: Während in Deutschland die Nationalsozialisten an die Macht kamen, setzte Frisch seine Reise durch den Südosten Europas fort. Sie führte ihn nach Budapest, Belgrad, Sarajevo, Dubrovnik, Istanbul, Athen, Korinth, Delphi und von dort über Bari und Rom nach acht Monaten – im Oktober 1933 – wieder nach Zürich. Die Zeit verbrachte er planlos voranreisend wie voranschreibend, »ledig jeder Pflicht, frei, bereit für jede Gegenwart; das ist denn auch meine eigentliche Erinnerung an Jugend« (GW II, S. 586).

Reise durch den Südosten Europas

Die Balkanreise setzte jedoch noch mehr frei als unbeschwertes Leben und journalistisches Schreiben. Sie wurde ihm zum Stoff für seinen ersten Roman, *Jürg Reinhart. Eine sommerliche Schicksalsfahrt*, den er aufgrund von Aufzeichnungen nach seiner Rückkehr in Zürich niederschrieb. In Dubrovnik hatte er eine 33-jährige ostdeutsche Frau kennengelernt, die mit ihrer Mutter eine Pension leitete. Als er auf der Rückreise von Delphi wieder dort vorbeikam, war sie zu Frischs Betroffenheit verstorben. Dieses Erlebnis wie zahlreiche Episoden von seiner Balkanreise nahm Frisch zum Anlass für jenen Text, über den er später meinte, es sei »ein erster, allzu jugendlicher Roman« (GW II, S. 587), in dessen Zentrum die Erprobung der Künstlerexistenz durch das Mannwerden steht. Das aber band Frisch weniger an Sexualität, deren Anstürme der Protagonist abwehrt, sondern an eine »männliche Tat«, indem er bei der todkranken jungen Frau Sterbehilfe leistet.

Jürg Reinhart

Die Problematik dieser autobiographisch grundierten literarischen Versuchsanordnung wird vor dem historischen Kontext erkennbar. Dass Frisch seinen Roman 1934 – wie 1937 seinen zweiten Roman *Antwort aus der Stille* – in der Deutschen Verlags-Anstalt drucken ließ, war angesichts des nationalsozialistischen Deutschlands keineswegs selbstverständlich. Als Frisch unbeschwert den Balkan bereiste, verbrannten die Nazis – am 10. Mai 1933 – Bücher von »linken« und »jüdischen« Autoren und institutionalisierten die »Gleichschaltung« des Literatur- und Kulturbetriebs. Während linkspolitische wie jüdische Intellektuelle aus dem NS-Deutschland flohen und ihre Werke im Exil drucken ließen, etwa bei dem Zürcher Verleger Emil

Oprecht, veröffentlichte der junge Schweizer Autor Frisch seine ersten eigenständigen Texte in Deutschland. Auch dies wirft die Frage nach Frischs intellektuellem Profil in den Jahren seiner schriftstellerischen Anfänge auf. In der Tat war der junge Frisch als Romanautor wie als Journalist politisch wenig sensibilisiert, im Gegensatz zu dezidierten Kritikern des Faschismus und Antisemitismus im Exil. Das Interesse des jungen Schweizer Autors dagegen war kaum auf politische Verhältnisse gerichtet, vielmehr auf allgemeinmenschliche und zugleich persönliche Fragen wie die nach dem Verhältnis von bürgerlicher und künstlerischer Existenz.

Dennoch ignorierte Frisch die aktuellen Verhältnisse keineswegs, vor allem als Journalist war dies auch nur schwer möglich. Die Frage ist vielmehr, *wie* er diese wahrgenommen hatte. Von besonderer Bedeutung dafür ist seine Deutschlandreise im Frühjahr 1935, über die er unter dem Titel *Kleines Tagebuch einer deutschen Reise* für die NZZ schrieb. Seine Wahrnehmung war dabei geleitet von der Unterscheidung zwischen einem humanistischen »Deutschland des Geistes«, das der junge Schweizer als Vorstellung mitbrachte, und dem »wirklichen Deutschland« der NS-Gegenwart, das er allerdings nur vorsichtig kritisch anging, denn »kein ernster Deutschschweizer, ob er nun Dichter oder anderswie Künstler sei, wird leichten Herzens das nachbarliche Deutschland aufgeben dürfen, es geistig verlieren und unsre kulturelle Zusammengehörigkeit kündigen können« (GW I, S. 85). Dennoch musste auch jenes geistige angesichts des »wirklichen Deutschland« fragwürdig werden, wie Frisch anlässlich des Besuchs der Ausstellung »Wunder des Lebens« des Deutschen Hygiene-Museums Dresden in Berlin klar wurde. Diese im März 1935 eröffnete Ausstellung, die bis 1944 Millionenbesuche verbuchte, war eine der wirksamsten Propaganda-Instrumente der NS-Rassenideologie (zu der auch die Befürwortung der Euthanasie gehörte, die Frisch kurz zuvor – freilich unideologisch – als »Mannestat« literarisch gerühmt hatte). Mit kritischem Blick beschrieb Frisch beispielsweise, wie mit »Bildern von blonden Jünglingen mit Spaten und Mädchen mit langem Haar, rein und tapfer und treu« (GW I, S. 90) das Phantasma des »nordischen Menschen« durch »Selbstruhm«

»Wunder des Lebens«

der »eigenen Rasse« generiert wurde, um dagegen »alles andre in den Schmutz« zu stoßen, allen voran die Juden. Die antisemitischen Plakatwände erregten Frischs besondere Kritik, allerdings mit einem fragwürdigen Zugeständnis an ein »notwendiges Zurückdämmen« der Juden (GW I, S. 90 f.).

»Was diese Ausstellung über die Juden bringt, die sie als auserwähltes Volk verspottet, läßt es uns äußerst schwer werden, über diesem dritten Reich das ewige Deutschland nicht zu vergessen; und man möchte wohl wünschen, daß das heutige Reich nach jenem notwendigen Zurückdämmen die Rassenfrage nicht länger auf die Spitze treibe.« (Max Frisch, *Kleines Tagebuch einer deutschen Reise*; GW I, S. 91)

Käte Rubensohn

Dass Frisch für die Frage des Antisemitismus sensibilisiert war, ist auch dem Umstand zu verdanken, dass seine erste »Jugendliebe« Käte Rubensohn eine Jüdin aus Berlin war. Sie kam nach Zürich, weil sie als Jüdin in Deutschland nicht mehr studieren konnte, und so lernten sich die beiden im Proseminar von Faesi kennen. Sie hatte in Zürich eine Wohnung gemietet, hielt sich jedoch in den Semesterferien bei ihren Eltern in Berlin auf, sodass sie zeitweise die Grenze in Basel passieren und sich dabei von deutschen »Nazi-Beamten« schikanieren lassen musste, etwa von demjenigen, den Frisch in *Montauk* erinnert, »der

Frisch und Käte Rubensohn am Greifensee, 1934

am Badischen Bahnhof in Basel, 1937, mich mustert: JOURNALIST? und nachdem ich nicht ohne jugendlichen Berufsstolz genickt habe: UND DIESE JÜDIN LIEFERT IHNEN ALSO DIE GREUELGESCHICHTEN! Ich beschwöre sie auf dem Bahnsteig: Fahr nicht nach Deutschland zurück! Sie will aber; ihre Eltern sind in Berlin. Ich halte sie noch auf dem Trittbrett: Bleib hier! Jugendliebe unter einem Überdruck von Gewissen [...], während in Nürnberg die Rassengesetze verkündet werden.« (GW VI, S. 727 f.) Käte Rubensohn begleitete Frisch auf seiner Deutschlandreise, und so besuchte er auch ihre Eltern in Berlin, »sehr deutsche Juden, die Hitler-Worte nie auf sich bezogen haben« (GW VI, S. 729). Anlässlich dieser Reise wurde Frisch vielfach Zeuge des alltäglichen Antisemitismus in Nazideutschland, wenn etwa seine jüdische Gefährtin zu Orten keinen Zutritt hatte, die er frei besuchen konnte. Frisch machte Käte einen Heiratsantrag, den sie allerdings ablehnte, aus der Befürchtung heraus, dass er dies aus bloßem Mitleid tue. »DU BIST BEREIT MICH ZU HEIRATEN, NUR WEIL ICH JÜDIN BIN, NICHT AUS LIEBE. Ich sage: Wir heiraten, ja, heiraten wir. Sie sagt: Nein.« (GW VI, S. 728 f.) Tatsächlich bereitete er die Eheschließung 1936 auf dem Zürcher Standesamt schon vor, als Käte nein sagte (vgl. GW VI, S. 163). Die Beziehung ging 1938 auseinander, Käte zog nach Basel und beendete dort ihr Studium. Im *Homo faber* machte Frisch diese Beziehung – mit Käte als Hanna – zum literarischen Gegenstand.

Während Frisch vor diesem Erfahrungshintergrund eine klare kritische Haltung gegenüber Nazideutschland hatte, war er gegenüber der vorherrschenden nationalkonservativen Politik in der Schweiz weniger skeptisch, im Gegenteil: Frisch wurde zu einem Apologeten der »geistigen Landesverteidigung«, ein nationalistisches Konzept, das Gelehrte, Presse und Behörden gegen die Bedrohung durch Nationalsozialismus und Faschismus entwickelten. Es war geleitet von dezidiert »schweizerischen« kulturellen wie politischen Werten, deren Zweck in der Konstruktion einer helvetischen Identität – über die Gegensätze von Klassen und Kulturen hinweg – lag. Entscheidend war auch, dass dieses Konzept, das 1938 mit der Schaffung der

»Geistige Landesverteidigung«

Kulturstiftung »Pro Helvetia« institutionalisiert wurde und bei der Landesausstellung in Zürich 1939 einen Höhepunkt erreichte, von Kulturschaffenden wesentlich mitgetragen wurde (vgl. GW I, S. 133). Eine wichtige Rolle spielte auch die 1938 durch den Regisseur des Zürcher Schauspielhauses Leopold Lindtberg verfilmte Erzählung *Füsilier Wipf* von Frischs Lehrer Robert Faesi. Zur »geistigen Landesverteidigung« gehörte nicht nur die Abgrenzung vom Faschismus, sondern auch eine Distanzierung von den Exilanten, die von Seiten der Schweizer Behörden durch Maßnahmen wie Aufenthaltsbegrenzung, Arbeitsverbot und Untersagung von politischer Betätigung eingeschränkt waren. Die Einführung des sogenannten Judenstempels im Pass für jüdische Flüchtlinge um 1938 und die Schließung der Grenzen für »rassisch« Verfolgte um 1942 (»das Boot ist voll«) waren nur die kontroversesten Maßnahmen einer prekären Schweizer Flüchtlingspolitik.

Kontroverse um das Zürcher Schauspielhaus

Inwiefern sich Frisch solcher Argumentation anschloss, zeigt seine Haltung zur Kontroverse um das Zürcher Schauspielhaus. Seit 1933 hatten es die Schauspielhausdirektoren Ferdinand Rieser und, ab 1938, Oskar Wälterlin gemeinsam mit dem Verwaltungsratspräsidenten Emil Oprecht zur wichtigsten deutschsprachigen Bühne gemacht. Dazu hatten auch die Exilanten unter den Schauspielern, Regisseuren und Autoren beigetragen. Schon der aus Wien stammende Rieser, jüdischer Unternehmer und Ehemann von Franz Werfels Schwester, engagierte zahlreiche Exilanten, darunter Therese Giehse, Kurt Horwitz, Ernst Ginsberg oder Wolfgang Langhoff, mit denen er allein bis 1938 an die zwanzig Stücke – unter anderem von Exilschriftstellern – auf die Bühne brachte, zum Beispiel Ferdinand Bruckners *Die Rassen* (1933), Friedrich Wolfs *Professor Mamlock* (1934) und Else Lasker-Schülers *Arthur Aronymus* (1936). Wälterlin wiederum brachte ab 1938 Brecht-Stücke zur Uraufführung, etwa *Mutter Courage und ihre Kinder* (1941), *Der gute Mensch von Sezuan* (1943) und *Leben des Galilei* (1943). Von kulturkonservativer Seite wurde dieses Auftreten der Exilanten und ihrer vielfach politisch aussagekräftigen Stücke mit Argusaugen beobachtet. Schon den Inszenierungen der beiden bei Oprecht verlegten Stücke von Bruckner und Wolf folgten

hitzige Debatten; nach der Aufführung von Bruckners Drama *Die Rassen*, das Rassenpolitik und Antisemitismus offen kritisierte, protestierten nicht nur die Deutsche Botschaft und die Schweizer Rechten, die »Frontisten«, die Anhänger der 1933 gegründeten, mit der NSDAP liebäugelnden »Nationalen Front«. Auch die liberalkonservativen Vertreter der »geistigen Landesverteidigung« übten Kritik; so prangerte zum Beispiel Korrodi in der NZZ das »taktlose Hervortreten politischer Emigranten in unserem Land« an. Anstatt einer klaren Stellungnahme wurde von den Exilanten politische Abstinenz erwartet. Zu Protesten kam es erneut 1938, als Rieser das Schauspielhaus aufgab, um nach Amerika zu emigrieren, Oprecht die Neue Schauspiel AG gründete und Wälterlin die Direktion übernahm.
Frisch äußerte sich mehrfach zu diesen Kontroversen um das Schauspielhaus, zunächst privat in einem Brief an Käte Rubensohn im August 1934, mit der er in diesen Jahren das Theater oft besuchte. Dabei wies auch er die Kritik am Deutschen Reich durch Exilanten wie Bruckner und Wolf mit dem Argument zurück, dass die Schweizer Bühnen damit zur »Provinz des weimarischen Deutschland« würden, um die Botschaft der »geistigen Landesverteidigung« dagegenzuhalten: »Wir sind Schweizer und müssen es heute leidenschaftlicher sein als je.« (zit. n. Bircher 1997, S. 64) Anlässlich der Debatte um das Schauspielhaus nach Riesers Weggang im Juni 1938 doppelte Frisch unter dem Titel »Ist Kultur eine Privatsache?« öffentlich nach. Sein Unbehagen richtete sich weniger gegen das »Emigrantentheater« selbst, dem er »Glanzleistungen« gar »reihenweise« zusprach (GW I, S. 103), sondern gegen die Gefahr, sich ein »trojanisches Pferd in die Stadt« zu holen, das heißt eine völkische Bühnenleitung. »Nicht aus kleinbürgerlichem Ausländerhaß, der unserer ganzen Gesinnung zuwider ist«, forderte Frisch also, dass das Schauspielhaus »in schweizerischen Händen« bleibe, um mit »an die gesunden Kräfte« zu rühren, »die in unserem Volke sind« (GW I, S. 100 f.), sondern aus Furcht vor einer Germanisierung.
In diesem Zusammenhang ist auch Frischs Herantreten an den russisch-jüdischen Karikaturisten Gregor Rabinovitch zu sehen, der zu Beginn des Ersten Weltkrieges aus Paris in die Schweiz gekommen war, seit 1922 für das Satiremagazin *Ne-*

belspalter zeichnete und nach 1933 die Kritik des Faschismus zu seinem Markenzeichen machte. Im August 1938 wandte sich Frisch mit einem kritischen Brief an ihn, kritisch ausgerechnet gegenüber der satirischen Verlachung des Faschismus. Sein Argumentationshintergrund war dabei erneut »die Sache, die wir geistige Landesverteidigung nennen«, wobei sich Frisch zu folgender Belehrung hinreißen ließ: »[...] schweizerisch ist nicht das Anti-Deutsche, womit wir uns ausliefern, sondern das Außer-Deutsche. Ich kann es Ihnen kaum klarer sagen.« (zit. n. Bircher 1997, S. 84) Nicht also in politisch engagierter antifaschistischer Kunst, sondern in der Betonung schweizerischer Werte sah Frisch die Forderung der Stunde.

Antwort aus der Stille

Dem Narrativ der »geistigen Landesverteidigung« folgte hintergründig im Kampf um eine Bergbesteigung auch Frischs zweites Buch *Antwort aus der Stille*, das mit dem Untertitel »eine Erzählung aus den Bergen« 1937 in der Deutschen Verlags-Anstalt erschienen war. Vordergründig geht es jedoch um ein persönliches Thema: Frischs Abkehr von der Literatur und seine Hinwendung zu einem bürgerlichen Leben. Vor seiner Weihe in die Bürgerexistenz durch die Ehe fühlt sich der Lehrer und Leutnant »Leuthold« zu einer »männlichen Tat« berufen, die diesmal in der Besteigung einer Nordwand besteht. Er vollbringt die Tat jedoch mit dem Ergebnis einer Rückkehr ins bürgerliche Leben.

Unterbrechung und Wiederaufnahme des Schreibens (1937-1945)

Antwort aus der Stille kann als autobiographische Parabel gelesen werden, dies allerdings nicht so sehr mit Blick auf Frischs Bergsteigen mit Werner Coninx ebenso wie mit seinem Bruder Franz, sondern in einem metaphorischen Sinn. Die gefahrvolle Zone, aus der sich Frisch ins gewöhnliche Leben retten wollte, war die Literatur. Die »Bergerzählung« antizipierte damit den Gang ins bürgerliche Leben, den Frisch unmittelbar darauf vollzog. Kritische Reaktionen auf das zweite Buch, etwa durch Coninx, verstärkten die Zweifel an seinem Talent. Was nun folgte, brachte er in seiner »Autobiographie« in das verführerische Narrativ des »zweiten Anlaufs«: die Geburt des Architekten

Autodafé

aus dem Autodafé des Schriftstellers. Die unsichere, unkonkrete, unbürgerliche Existenz des literarischen und journalistischen Papierhandwerks sollte abgelöst werden durch »das Unpapierne, Greifbare, Handwerkliche, die stoffliche Gestalt«, »das wirkliche Bauen«, »die Verwirklichung eigener Entwürfe« (GW II, S. 587). Tatsächlich verbrannte Frisch im Herbst 1937 »alles bisher Geschriebene«, darunter Entwürfe zu Theaterstücken, Romanen, die Erzählung *Der Erneuerer* sowie auch Tagebücher.

> »Einmal wurde alles Geschriebene zusammengeschnürt, inbegriffen die Tagebücher, und alles dem Feuer übergeben. Ich mußte zweimal in den Wald hinaufgehen, so viele Bündel gab es, und es war, ich erinnere mich, ein regnerischer Tag, wo das Feuer immer wieder in der Nässe erstickte, ich brauchte eine ganze Schachtel voll Streichhölzer, bis ich mit dem Gefühl der Erleichterung, auch der Leere weitergehen konnte.« (Max Frisch, *Tagebuch 1946-1949*; GW II, S. 588)

Es war dies ein symbolischer Akt, dem ein »heimliches Gelübde, nicht mehr zu schreiben« folgte, das zwei Jahre lang »nicht ernstlich verletzt« wurde (GW II, S. 588). An die Stelle des Schreibens trat der Entschluss: »mit fünfundzwanzig Jahren [...] nochmals auf die Schulbank zurück« – und dies als Vorbereitung für den Plan einer Ehe, wie er ihn mit Käte Rubensohn bereits 1936 beinahe ausgeführt hätte: »Eine Freundin [Käte Rubensohn, A.K.], als wir heiraten wollten, war der Meinung, dass ich vorerst etwas werden müßte. Sie sagte nur, was ich selber dachte [...].« (GW II, S. 587) Die »Schulbank« war das Architekturstudium an der Eidgenössischen Technischen Hochschule (ETH), das über vier Jahre (1936-1940) durch den Freund Coninx finanziert wurde. Tatsächlich war der Bruch zwischen Schriftstellerei und Architektur jedoch nicht so konsequent, wie ihn Frisch im Nachhinein darstellte. Vielmehr gedachte er, den kreativen Beruf des Architekten mit der Literatur zu verbinden, in der Annahme, er »würde gewiss gerade für mein Schreiben, das ich auf keinen Fall preisgeben wollte, eine Bereicherung bedeuten«, so Frisch an Käte Rubensohn am 24. März 1936 (zit. n. Bircher 1997, S. 72).

Architektur

Wie kam Frisch zur Architektur? Auf der einen Seite war es wohl der Vater, wie er lakonisch notierte: »Wieso grad Architekt? Der Vater ist Architekt gewesen (ohne Diplom) [...].« (GW VI, S. 704) Die Anregung kam aber auch von Werner Coninx: »In einem gewissen Sinn hat W. mich immer ermuntert, zum Beispiel meine Schriftstellerei aufzugeben und Architektur zu erlernen.« (GW VI, S. 642) Wie auch immer: Frisch verstand seine Hinwendung zur Architektur als ein Projekt der Verbürgerlichung einer im Scheitern begriffenen literarischen Existenz.

»Ich bin sechsundwanzig Jahre alt und habe nach dem Tode meines Vaters, als ich mein germanistisches Studium aufgeben mußte, mehrere Jahre für die Zeitung gearbeitet, bis ich endlich einsah, daß das kein Beruf sein kann, und bis ich mich aufraffte, noch einen andern und sozusagen weltgerechten Beruf hinzu zu lernen, den Beruf des Architekten.« (Max Frisch, Brief an Hermann Hesse vom 21. Oktober 1937; Frisch-Archiv, Zürich)

Das Studium an der ETH absolvierte Frisch bei Lehrern wie Otto Rudolf von Salvisberg, der als Firmenarchitekt des Pharmaunternehmens Hoffmann-La Roche bekannt war, sowie William Dunkel, einem modernen Städtebauer und Architekten im Stil von Le Corbusier und Walter Gropius.

Frisch als Soldat (rechts im Bild), Rekrutenschule Thun, 1931

Der junge »cand.arch. ETH« (GW VI, S. 546) war mit der Planung eines Taubenhauses beauftragt (vgl. Bircher 1997, S. 94), als er im Herbst 1939 nach Kriegsbeginn im Zug der Generalmobilmachung im Tessin den »Aktivdienst« antrat. In den knapp sechs Kriegsjahren bis Mai 1945 leistete Frisch insgesamt rund zwei Jahre Dienst als Kanonier, meist im Tessin, teils im Engadin. Die Mobilmachung erlebte er als ein ernstes Ereignis; er war der Überzeugung, »daß wir kaum zurückkehren würden« (GW II, S. 588), wie auch in der Folge wiederholt mit dem Einmarsch der Deut-

Kanonier

schen gerechnet wurde. Konsequenterweise stand Frisch ganz hinter dem Dienst: »Ich verweigerte mich jedem Zweifel an unserer Armee«, so Frisch 1973 im ungleich kritischeren *Dienstbüchlein*, in dem er sich an den Aktivdienst erinnert (GW VI, S. 541).

In dieser Lage fand Frisch zum Schreiben zurück. Dabei wählte er die Form des Tagebuchs, mit der er bereits 1935 in dem Feuilleton *Tagebuch eines Soldaten* experimentiert hatte. Er schloss damit an das von ihm bewunderte »Kriegstagebuch von Carossa« an, »das ich [...] jedermann schenken möchte« (GW I, S. 96). So kam schon während des ersten Aktivdienstes im September und Oktober 1939 Material zusammen, das im folgenden Jahr unter dem Titel *Blätter aus dem Brotsack* sowie Ende 1940 in weiterer Folge in der NZZ erschien.

Blätter aus dem Brotsack

»Nach den ersten Anfängen, die sehr ungenügend waren ... gab ich mir das Versprechen, nie wieder zu schreiben, und dann brach der Krieg aus, und unter dieser Bedrohung, die ich damals sehr ernst nahm [...], hab ich sozusagen für die letzte Zeit, die noch blieb, nochmals für mich diese Notizen gemacht und ohne jede theoretische Überlegung, ohne jede Reflexion in dieser unpraktischen Situation des Soldatseins natürlich das Tagebuch gewählt; denn das war möglich, daß ich in einer halben Stunde Feierabend oder zwischenhinein Notizen machen konnte; und ich habe eigentlich dort ohne viel Bewußtsein eine Form für mich entdeckt, die offenbar eine der möglichen Formen für mich ist.« (Max Frisch, Interview mit Rolf Kieser, April / Mai 1971; GW I, S. 664)

In diesem »treuherzigen Tagebuch« (GW VI, S. 545) ist das Dokument eines Patriotismus zu sehen, der aus einer mehr existentiell als politisch empfundenen Bedrohungslage heraus begründet war, und dies in einer Schweiz, die nach der Besetzung Frankreichs im Juni 1940 von den Mittelmächten gänzlich umgeben war: »Wir werden geboren und haben nicht um unser Leben gebeten, nicht unser Vaterland erwählt. Einmal am Leben aber, ja, wie hangen wir daran, und wie lieben wir auch das Land, das unser Vaterland ist [...].« (GW I, S. 116) Im Rückblick sah Frisch diese Haltung allerdings einem sozialen Druck geschuldet: »Die Armee […] wünschte sich Soldaten, die nicht grübeln.« (GW VI, S. 547)

Während des Urlaubs Mitte 1940 konnte Frisch sein Architekturstudium mit einem Diplom abschließen, kurz darauf begann er als Angestellter zu arbeiten, zuerst in einem Architekturbüro in Baden, dann bis zur Gründung des eigenen Büros, 1943, bei William Dunkel. Hier war es auch, am »Reißbrett«, wo Frisch die Architektin Gertrud (Trudy) Anna Constanze von Meyenburg kennenlernte, »Tochter aus großbürgerlichem Haus« (GW VI, S. 733). Sie entstammte einer wohlhabenden adligen Familie, in der es Industrielle wie Universitätsprofessoren gab, und sie wurde im Juni 1942 Frischs Ehefrau, nachdem einige Jahre zuvor der Eheplan mit Käte Rubensohn gescheitert war. Frisch, der ein Jahr zuvor bei seiner Mutter ausgezogen war und in einer eigenen Wohnung lebte, zog an den Fuß des Zürichbergs in die Zollikerstraße 265, um einen familiären Hausstand zu gründen. Dabei betonte er, Constanze von Meyenburg aus Liebe geheiratet zu haben, dennoch konnte sich auch der Eindruck ergeben, dass er mit dieser ›guten Partie‹ seine Verbürgerlichung bewusst vorantrieb. »Ich habe mich dann ganz entschieden bekannt zu einer bürgerlichen Existenz, habe dann auch sehr bürgerlich geheiratet. Ich war also ein bewußter Bürger, einer, der Bürger sein will«, so Frisch später in einem Interview (IA, S. 23). In dieser Ehe, der drei Kin-

Constanze von Meyenburg

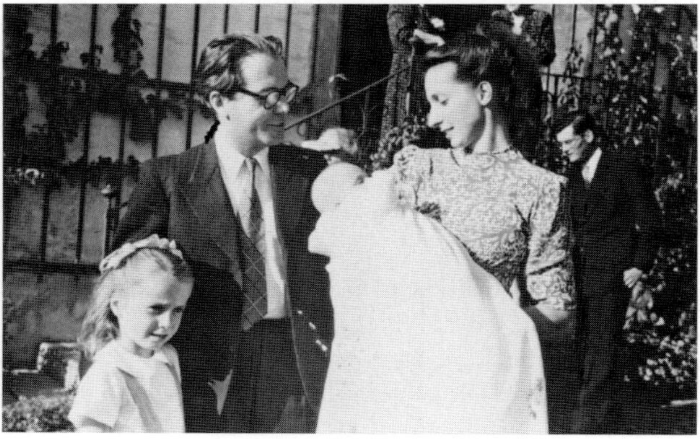

Familienbild mit Trudy Frisch, Tauftag Charlotte Frisch, 15. September 1949

der entsprangen – Ursula (1943), Hans Peter (1944) und Charlotte (1949) – nahm sich Frisch allerdings einige Freiheiten und über die Kinder freute er sich mehr »der Frau zuliebe« (GW VI, S. 689), auch wenn sie auf seiner Liste von »Dankbarkeiten« erschienen (GW VI, S. 235). Sosehr Frisch die bürgerliche Einrichtung der Ehe um 1940 als Lebensmodell anstrebte, so bereitete sie ihm doch auf längere Sicht Mühe und schien ihm zuletzt unvereinbar mit der Literatur; Ende 1954 verließ er die Familie.

Architekturwettbewerb

Zu der um 1940 bewusst angestrebten bürgerlichen Laufbahn gehörte auch beruflicher Erfolg. Nachdem Frisch 1941 gemeinsam mit Trudy das Haus seines Bruders Franz Bruno in Arlesheim bei Basel gebaut hatte, gewann er 1943 einen städtischen Architekturwettbewerb für das neu zu bauende Freibad Letzigraben in Zürich. Damit hatte Frisch einen beträchtlichen Auftrag mit einem Budget von rund vier Millionen Franken erhalten. Dieser Auftrag erlaubte es ihm, sich selbständig zu machen. Im Frühjahr 1943, unmittelbar nach dem Gewinn des Wettbewerbs, eröffnete er im Haus einer Tante seiner Frau an der Selnaustraße 16 ein eigenes, wenn auch bescheidenes Architekturbüro, das er bis 1954 betrieb. Das Schwimmbadprojekt konnte Frisch allerdings erst nach dem Krieg in den Jahren 1947 bis 1949 realisieren.

J'adore ce qui me brûle

Nicht nur der Architekt, auch der Schriftsteller Frisch war Anfang der 1940er Jahre produktiv: Ende 1942 konnte er das Manuskript eines dritten Romans abschließen, in dem er eine »Neufassung des Jugenderlebnisses« der Figur Jürg Reinhart vorlegte. Das Werk erschien 1943 im Zürcher Atlantis Verlag, Frischs neuer Verlagsadresse, unter dem Titel *J'adore ce qui me brûle oder Die Schwierigen*. Es leistet eine kritische Überprüfung des Projekts der bürgerlichen Arrivierung und seiner Vereinbarkeit mit der Kunst. Der Roman zeigt sich demgegenüber skeptisch, indem die bürgerliche Normalität ebenso scheitert wie die Selbstbeschneidung des Künstlers Reinhart, der (wie Frisch) seine Werke verbrennt, um die Ehe als »das größte Abenteuer [...], das es einzugehen gibt« (GW I, S. 500), dagegenzustellen. Dieser Versuch führt in Wahnsinn und Pessimismus. »Als bankrotter Künstler« muss er erkennen, dass ihm »das Bürgertum« verschlossen bleibt – er bringt sich um (GW I, S. 578).

»Ein Wunderbares ist um die Ehe. Sie ist möglich, sobald man nichts Unmögliches von ihr fordert, sobald man über den Wahn hinauswächst, man könne sich verstehen, müsse sich verstehen; sobald man aufhört, die Ehe anzusehen als ein Mittel wider die Einsamkeit.« (Max Frisch, *J'adore ce qui me brûle*; GW I, S. 551)

Bin oder Die Reise nach Peking

Versöhnlicher, wenn auch von demselben Konflikt geleitet, war Frischs 1944 geschriebene und 1945 veröffentlichte Erzählung *Bin oder Die Reise nach Peking*. Unter der Chiffre eines »Peking, das ich nie erreichen werde« (GW I, S. 658) und in der allegorischen Seins-Gestalt »Bin« lotet diese Erzählung gegen die bürgerliche Familie mit Frau und Kind sowie die Architekten-»Rolle« die unerfüllten Möglichkeiten aus – ein imaginierter Ausbruch aus dem Bürgertum im Medium der Literatur. Der Schluss, den Frisch 1954 mit dem Verlassen seiner Familie tatsächlich vollzog, war hier bereits vorgezeichnet.

Die Geburt des Dramatikers (1944-1950)

Kurt Hirschfeld, Dramaturg am Zürcher Schauspielhaus unter Oskar Wälterlin (1962 dessen Nachfolger als Direktor), wandte sich nach der Lektüre von Frischs *J'adore ce qui me brûle* 1943 ermunternd an den jungen Autor, »es einmal mit einem Theaterstück zu versuchen« (GW II, S. 588). Er lud ihn zu Proben für Stücke von Bertolt Brecht, Jean-Paul Sartre, Federico García Lorca, Jean Giraudoux und Paul Claudel ein – Autoren, deren Antinaturalismus Frischs Theaterbegriff weitgehend prägte. Frisch, der bis dahin »nicht seine Lust am Theater, aber die Hoffnung, die Bühne zu seinem Bauplatz machen zu können, längst begraben hatte« (Frisch, zit. n. Bienek 1965, S. 13), nahm Hirschfelds Angebot an. Eine der fruchtbarsten Arbeitsphasen stand ihm bevor: Im Austausch auch mit Bertolt Brecht und Thornton Wilder etablierte er sich als einer der bedeutendsten deutschsprachigen Dramatiker der Nachkriegszeit.

Im Rahmen seiner Möglichkeiten als Architekt – vormittags am Reißbrett, nachmittags und abends am Schreibtisch – machte sich Frisch umgehend an die Arbeit: »in fünf Wochen das erste Stück, das zweite Stück in drei Wochen« (GW VI, S. 706), bilanzierte er stolz. Das erste Stück, *Santa Cruz*, entstand im Herbst 1944 und wurde am 7. März 1946 uraufgeführt. *Santa Cruz* liegt thematisch noch in der Nähe der vorangegangenen Prosa: Noch einmal lotete Frisch die Spannung von bürgerlicher und künstlerischer Existenz, von Ehe und Literatur aus, diesmal aber in der dramatischen Form einer »Romanze«. An der Sehnsuchtsfigur mit dem sprechenden Namen »Pelegrin«, der Pilger, einer Zwillingsfigur des »Bin«, erprobte Frisch erneut den Ausbruch aus dem bürgerlichen Familiengelass: »Die Ehe ist ein Sarg für die Liebe …« (GW II, S. 49), hält Pelegrin dem Nestwunsch Elviras entgegen.

Santa Cruz

> »Man kann nicht beides haben, scheint es. Der eine hat das Meer, der andere das Schloß; der eine hat Hawaii – der andere das Kind …« (Max Frisch, *Santa Cruz;* GW II, S. 72)

Nun singen sie wieder

Das zweite Stück, *Nun singen sie wieder*, war Anfang 1945 entstanden und wurde unmittelbar vor Kriegsende am 29. März 1945 unter der Regie von Kurt Horwitz am Zürcher Schauspielhaus uraufgeführt. Frisch wandte sich hier erstmals einer aktuellen politischen Frage zu – und zwar keiner bescheidenen: der Schuldfrage im Angesicht des Krieges. Entsprechend groß war die Aufmerksamkeit, die das Stück auch in Deutschland erhielt, wo es 1946/47 in München und Hamburg gespielt wurde. Der Untertitel »Versuch eines Requiems« weist darauf hin, dass es Frisch dennoch weniger um eine politische als vielmehr um eine moralische Darstellung zwischen Diesseits und Jenseits ging. 1946 erklärte er in diesem Sinne in der Buchausgabe, es müsse »der Eindruck eines Spiels durchaus bewahrt bleiben, so daß keiner es am wirklichen Geschehen vergleichen wird, das ungeheuer ist« (GW II, S. 137). Damit wies Frisch auch die »Versuchung aller Rache« zurück. Stattdessen mündet das Stück in der Forderung der Versöhnung als Botschaft der Toten an die Lebenden. Diese Verinnerlichung des Politischen stieß dann auch auf Kritik; sie konnte als »Standpunktlosigkeit« erscheinen, mehr noch: Der NZZ-Redakteur Ernst Bieri sah Frisch gar als »Anwalt der Irregeführten«, wogegen dieser sich mit einer schriftlichen Entgegnung wehrte. Den Abdruck dieser Entgegnung verweigerte die NZZ allerdings zu Frischs Ärger; das war der Anfang einer wachsenden Verstimmung gegenüber »seiner« Zeitung.

Das Gehör, das sich Frisch zunehmend verschaffte, hing wesentlich mit seinem Blick auf zeithistorische Verhältnisse zusammen. Seine Dramen der Nachkriegszeit weisen ebenso in diese Richtung wie die seit 1946 entstandenen Tagebücher, in denen er als Beobachter seiner Zeit zu erster schriftstellerischer Höchstform fand. Aber auch im Drama war er dabei, seine Form zu finden. Das tat er vor allem mit Blick auf Bertolt Brecht, dessen Stücke Frisch seit 1941 in Zürich verfolgen konnte und den er im Winter 1947/48 über Kurt Hirschfeld kennenlernte. Zweifellos war Brecht eine der wichtigsten Inspirationsquellen für Frisch; ihm widmete er noch im *Tagebuch 1966-1971* ein eindrückliches Erinnerungsporträt (GW VI, S. 20-38). Doch schon vor dem persönlichen Kontakt waren Spuren des Brecht'schen politischen Theaterkonzepts bei Frisch bemerkbar, so bei seinem nächsten Stück *Die Chinesische Mauer*, das nach einer Reise in das zerstörte Deutschland zwischen November 1945 und Mai 1946 entstanden war. Der Anlass war erneut ein zeitgeschichtlicher: die Atombombenabwürfe über Hiroshima und Nagasaki am 6. und 9. August 1945. Auch die theatrale Form, in der Frisch dies thematisierte, näherte

Bertolt Brecht

Frisch und das Theater: *Die Chinesische Mauer*, Volksbühne Berlin, 1956

sich Brechts epischem Theater an, das mit dem klassischen Illusionstheater auf verschiedenen Ebenen brach: Es setzte anstatt Handlung Erzählen, anstatt Illusion Verfremdung, anstatt Identifikation Distanz, Reflexion und Kritik, anstatt Linearität Montage. Dabei verfolgte Brecht ein politisches Anliegen: die Veränderung gesellschaftlicher Verhältnisse durch Kunst. Frisch brachte dies 1948 so auf den Punkt: »Sein Streben, wie er selber in den Anmerkungen zum epischen Theater sagt, geht nicht nach einem Erlebnis, sondern nach Erkenntnis. Unser Erlebnis als solches verändert nichts. Der Zuschauer, wenn Brecht ihn entläßt, ist nicht erschüttert oder soll es nicht sein, er ist herausgefordert, er ist vor eine Entscheidung gestellt.« (GW II, S. 330)
Mit Brecht und seinem Theater wurde Frisch unmittelbar vertraut, als Brecht vom Winter 1947 – mit einer Unterbrechung – bis zum Mai 1949 in Herrliberg bei Zürich als Gast bei Freunden ansässig war und im Stadttheater Chur *Die Antigone des Sophokles* sowie am Zürcher Schauspielhaus *Herr Puntila und sein Knecht Matti* zur Uraufführung brachte. Frisch, der Brecht wiederholt auch in seiner schlichten Herrliberger Dachwohnung besuchte, fühlte sich dem »durch die Schule des Marxismus [...], der Hegelschen Dialektik, des historischen Materialismus« (GW II, S. 594) Gegangenen gewissermaßen freundschaftlich unterlegen und zugleich zum Widerspruch herausgefordert.

»Brecht sucht das Gespräch ganz allgemein. Meinerseits habe ich dort, wo Brecht mit seiner Dialektik mattsetzt, am wenigsten von unserem Gespräch; man ist geschlagen, aber nicht überzeugt.« (Max Frisch, *Tagebuch 1946-1949*; GW II, S. 593)

Am meisten schätzte Frisch das gemeinsame Gespräch, wenn es »um Fragen des Theaters kreist, der Regie, der Schauspielerei, Fragen auch des schriftstellerischen Handwerks« (GW II, S. 598). Dazu gab Brecht Frisch auch sein *Kleines Organon für das Theater* (entstanden 1948, Druck 1949) zu lesen, um seine »Meinung« zu erfahren. Frisch antwortete in einem eigenen Theatertext, *Theater ohne Illusion* (1948), in dem er sich auf die Seite jener stellte, die das Illusionstheater hinter sich lassen, neben Brecht auch Claudel, Giraudoux und Wilder: »Das Theater begegnet uns wieder als Spiel, das sich selber als Spiel bewußt bleibt« (GW II, S. 334), so die Maxime. Die Wirklichkeit des Theaters ist immer schon zeichenhaft und subjektiv – und nie die Illusion einer objektiven Gegebenheit: »Gelegentlich müßte man sich fragen, was wir überhaupt als Wirklichkeit bezeichnen. Wirklich nennen wir nicht, was geschieht; sondern wirklich nennen wir, was ich an einem Geschehen erlebe [...].« (GW II, S. 334 f.) Frischs »Rückkehr zum spielhaften Theater« setzt im Subjektiven allerdings auch eine Alternative zu Brecht, in dessen Theaterbegriff die gesellschaftlich-politische Funk-

Frisch und Brecht auf der Baustelle des Freibades Letzigraben, 1948

tion an erster Stelle steht. Zwar wendet sich auch Frisch politischen Fragen zu, doch geht er in der Vorstellung eines Spiels der Möglichkeiten – einer allgemeinen Theatralität, wie sie auch für die Romane bestimmend werden sollte – zugleich über eine politische Bestimmung von Kunst hinaus.

Kultur als Alibi

Der Funktionswandel der Kunst bei Frisch unter Brechts Eindruck zeigt sich besonders deutlich in seinem Essay *Kultur als Alibi* (1949): die Abkehr vom unpolitischen hin zu einem gesellschaftlich aktiven Schriftsteller. Er tat dies freilich nicht aus ideologischen Gründen, sondern aus der historischen Erkenntnis heraus, dass »die gegenteilige Haltung, die ästhetische Kultur, zu einem fürchterlichen Schiffbruch geführt hat« (GW II, S. 342). Gegen jene Vorstellung einer »ästhetischen Kultur«, einer Kultur auch der Amnestie, die das Geschehene vergessen will, forderte er mit Sartre eine *littérature engagée*. Frischs Dramen nach 1945 setzen diese Forderung um.

> »Das Geschehene endlich geschehen sein lassen? [...] Man müßte mindestens eines von den zahlreichen Lagern gesehen haben, wo dieses Geschehen stattgefunden hat: das Geleise, das in ein Wäldchen führt, endend bei einer Baracke mit Gaskammern, dahinter die Öfen, Baracken voll Frauenhaar, Baracken voll Brillen, Baracken voll Kämmen, Baracken voll Kinderkleidern.« (Max Frisch, *Kultur als Alibi*; GW II, S. 339)

Reisen, Beobachten, Beschreiben nach dem Krieg (1946-1950)

Reisen nach Deutschland

Deutschland und Europa in Trümmern hatte Frisch zwischen 1946 und 1949 mit eigenen Augen gesehen. Seine Wende zu einem politisch sensibilisierten Schriftsteller beruhte auch auf einem persönlichen Eindruck, den er sich unmittelbar nach dem Krieg durch Reisen zunächst nach Deutschland, später nach Italien, in die Tschechoslowakei, nach Polen und Frankreich verschaffen konnte. Erster Anlass war eine Einladung durch die US-Army an Leopold Lindtberg nach München im April 1946 zur Premiere von dessen Film *Die letzte Chance*; Frisch kannte Lindtberg vom Schauspielhaus Zürich her und konnte in dessen Gefolge mitreisen. Von da aus ging er nach

Würzburg, Nürnberg und Frankfurt am Main, wo er im Mai war. Während er elf Jahre zuvor Nazideutschland beim Aufstieg besucht hatte, sah er es nun gefallen. Mit der Beschreibung dieses Deutschland in Trümmern ist Frisch ein großer Wurf gelungen – gemeinsam mit den Theaterstücken war es der eigentliche Durchbruch zum Schriftsteller der Nachkriegszeit. Dieser realen ging eine imaginäre Reise durch die Literatur des Deutschland nach Kriegsende voraus: Ein kritischer Blick findet sich in einem Text, der unter dem Titel *Stimmen eines anderen Deutschland* im Januar 1946 in der *Neuen Schweizer Rundschau* veröffentlicht wurde. Hier hält Frisch der Forderung nach einer »großen Symphonie des Todes« eines Ernst Wiechert entgegen: »kein deutsches Kunstwerk wird Deutschland retten« (GW II, S. 301).

Frisch blieb nüchterner: Im Zuge der Beschreibung seiner realen Reise nach Deutschland perfektionierte der schreibende Architekt die von ihm erprobte Form des Tagebuchs. Eine erste Sequenz von Einträgen erschien 1947 unter dem Titel *Tagebuch mit Marion* im Zürcher Atlantis Verlag. Nicht zuletzt dieses weckte die Aufmerksamkeit des damaligen Fischer-Verlegers Peter Suhrkamp, den Frisch im November 1947 in Frankfurt am Main anlässlich der Premiere von Carl Zuckmayers *Des Teufels General* kennengelernt hatte. Suhrkamp legte Frisch eine Fortsetzung des Tagebuchs nahe, und so erschien im Jahr 1950 eine erweiterte Fassung unter dem schlichten Titel *Tagebuch 1946-1949* als eines der ersten Bücher des neu gegründeten Suhrkamp Verlags. Dies war der Anfang einer höchst fruchtbaren Zusammenarbeit.

Tagebuch 1946-1949

Grundlegend dafür war seine Beschreibung des zerstörten Deutschland. Dabei ging er sehr anders als Lyriker wie Paul Celan oder Nelly Sachs vor, die in ihren Gedichten die deutsche Sprache aufbrachen und in eine Symbolik transformierten. Frischs Beschreibung des zertrümmerten Deutschland dagegen war schlicht und realistisch, gerade dadurch aber schonungslos.

Ungeschönt beschreibt Frisch auf diese Weise auch die mit »Flüchtlingen« – ehemaligen Lagerhäftlingen, Invaliden etc. – bevölkerten Straßen deutscher Städte, in denen der Wahn der »Weltherrschaft« in blankes »Elend« umgeschlagen war. Was

»München kann man sich vorstellen, Frankfurt nicht mehr. Eine Tafel zeigt, wo das Goethehaus stand. Daß man nicht mehr auf dem alten Straßenboden geht, entscheidet den Eindruck: die Ruinen stehen nicht, sondern versinken in ihrem eigenen Schutt, und oft erinnert es mich an die heimatlichen Berge, schmale Ziegenwege führen über die Hügel von Geröll, und was noch steht, sind die bizarren Türme eines verwitterten Grates; einmal eine Abortröhre, die in den blauen Himmel ragt, drei Anschlüsse zeigen, wo die Stockwerke waren.« (Max Frisch, *Tagebuch 1946-1949*; GW II, S. 374 f.)

vom »Dritten Reich« blieb, war »Schwindsucht, Wehrmachtsmütze, Schwarzhandel, Faustrecht, Syphilis« (GW II, S. 490). Frischs Beschreibungsgabe jenes »Elends« bestätigte sich anlässlich eines Besuchs des Konzentrationslagers Theresienstadt im März 1947, dessen noch frische Spuren der Vernichtung er gerade in der schlichten Deskription auch des NS-Sprachgebrauchs offen benannte. Er beschrieb das »eigentliche Todeslager«, die »Folterkammer«, die »menschliche Asche« ebenso wie die euphemistische Sprache des Nationalsozialismus, die »Lingua Tertii Imperii«, wie sie zeitgleich Victor Klemperer im *LTI* (1947) und Dolf Sternberger im *Wörterbuch des Unmenschen* (1945 ff.) analysierten: »das sogenannte Todestor«, »den sogenannten Leichentrupp«, »den sogenannten Judengraben«.

Konzentrationslager Theresienstadt

»Das Ganze, so wie es sich heute zeigt, vermischt die Merkmale einer Kaserne, einer Hühnerfarm, einer Fabrik und eines Schlachthofes.« (Max Frisch, *Tagebuch 1946-1949*; GW II, S. 482)

Das Tagebuch erschöpfte sich allerdings nicht in solchen kritischen Reisebeobachtungen. Es diente auch als Experimentierfeld für das eigene Schreiben, da es nicht nur zahlreiche poetologische Reflexionen »zur Schriftstellerei« wie »zum Theater« enthält, sondern auch literarische Entwürfe, die Frisch später aufgriff, darunter Stichworte wie »Andorra«, »Graf Öderland«, »Brandstifter«. Das trifft auch zu für das »Schauspiel« *Als der Krieg zu Ende war*, die literarische Frucht einer weiteren Deutschlandreise vom Herbst 1947 (sowie von Reisen nach Prag

Als der Krieg zu Ende war

und Italien); die zugrundeliegende Episode findet sich ebenfalls im Tagebuch im Eintrag »Berlin, November 1947« (GS II, S. 530 f.) als Entwurf zu einer Novelle über die Liebe zwischen einem russischen Offizier und einer deutschen Frau, die scheinbar unüberwindbare Grenzen überschritt. Von besonderer Bedeutung für die Entstehung des Stücks war auch Frischs Besuch des Weltfriedenskongresses in Breslau im August 1948, an dem auch Bekannte wie François Bondy, »mein Landsmann von der Presse« (GW II, S. 605), sowie der »deutsche Emigrant aus der Schweiz«, der Literaturwissenschaftler Hans

Weltfriedenskongress in Breslau 1948

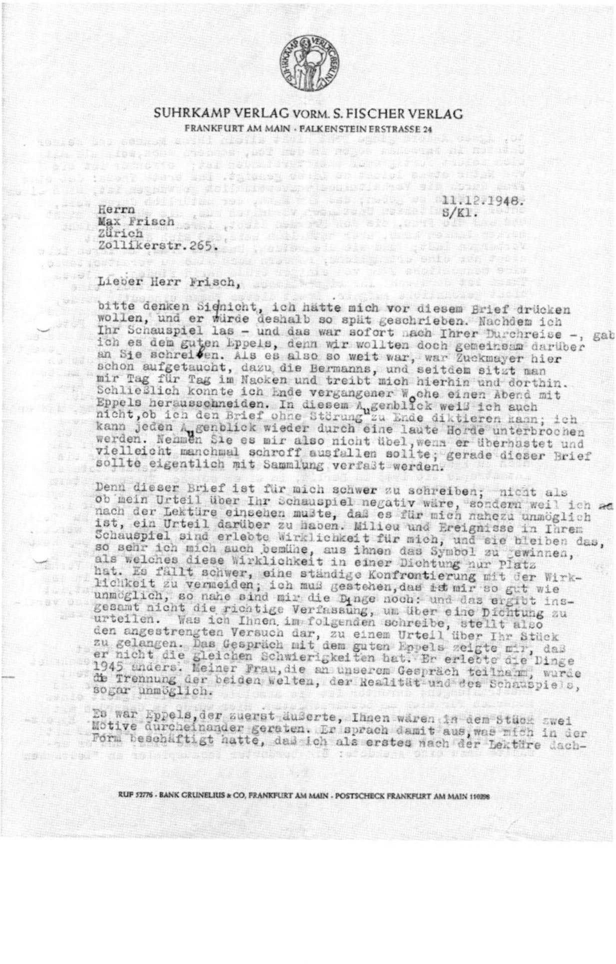

SUHRKAMP VERLAG VORM. S. FISCHER VERLAG
FRANKFURT AM MAIN · FALKENSTEINERSTRASSE 24

11.12.1948.
S/Kl.

Herrn
Max Frisch
Zürich
Zollikerstr.265.

Lieber Herr Frisch,

bitte denken Sie nicht, ich hätte mich vor diesem Brief drücken wollen, und er würde deshalb so spät geschrieben. Nachdem ich Ihr Schauspiel las – und das war sofort nach Ihrer Durchreise –, gab ich es dem guten Eppels, denn wir wollten doch gemeinsam darüber an Sie schreiben. Als es also so weit war, war Zuckmayer hier schon aufgetaucht, dazu die Bermanns, und seitdem sitzt man mir Tag für Tag im Nacken und treibt mich hierhin und dorthin. Schließlich konnte ich Ende vergangener Woche einen Abend mit Eppels herausschneiden. In diesem Augenblick weiß ich auch nicht, ob ich den Brief ohne Störung zu Ende diktieren kann; ich kann jeden Augenblick wieder durch eine laute Horde unterbrochen werden. Nehmen Sie es mir also nicht übel, wenn er überhastet und vielleicht manchmal schroff ausfallen sollte; gerade dieser Brief sollte eigentlich mit Sammlung verfaßt werden.

Denn dieser Brief ist für mich schwer zu schreiben; nicht als ob mein Urteil über Ihr Schauspiel negativ wäre, sondern weil ich nach der Lektüre einsehen mußte, daß es für mich nahezu unmöglich ist, ein Urteil darüber zu haben. Milieu und Ereignisse in Ihrem Schauspiel sind erlebte Wirklichkeit für mich, und sie bleiben das, so sehr ich mich auch bemühe, aus ihnen das Symbol zu gewinnen, als welches diese Wirklichkeit in einer Dichtung nur Platz hat. Es fällt schwer, eine ständige Konfrontierung mit der Wirklichkeit zu vermeiden; ich muß gestehen, das ~~ist~~ mir so gut wie unmöglich, so nahe sind mir die Dinge noch: und das ergibt insgesamt nicht die richtige Verfassung, um über eine Dichtung zu urteilen. Was ich Ihnen im folgenden schreibe, stellt also den angestrengten Versuch dar, zu einem Urteil über Ihr Stück zu gelangen. Das Gespräch mit dem guten Eppels zeigte mir, daß er nicht die gleichen Schwierigkeiten hat. Er erlebte die Dinge 1945 anders. Meiner Frau, die an unserem Gespräch teilnahm, wurde die Trennung der beiden Welten, der Realität und des Schauspiels, sogar unmöglich.

Es war Eppels, der zuerst äußerte, Ihnen wären in dem Stück zwei Motive durcheinander geraten. Er sprach damit aus, was mich in der Form beschäftigt hatte, daß ich als erstes nach der Lektüre dach-

RUF 52776 · BANK GRUNELIUS & CO, FRANKFURT AM MAIN · POSTSCHECK FRANKFURT AM MAIN 110298

Brief von Peter Suhrkamp an Frisch zu *Als der Krieg zu Ende war*, 11. Dezember 1948

Mayer, den er im Herbst 1943 durch Kurt Hirschfeld kennengelernt hatte, teilnahmen. Frisch traf hier auf »vierhundert Intellektuelle« zwischen »Ost und West«, die das drohende Auseinanderdriften ebendieser Welten und damit die Gefahr eines neuen Krieges verhindern wollten. Das Gegenteil schien aber der Tenor zu sein: Es dominierten Konfrontation und Vorurteil, namentlich nach der Rede des russischen Schriftstellers Alexander Fadejew, der seine Kollegen aus dem Westen als »Hyänen oder Mystiker oder Pornographen« (GS II, S. 603) beschimpfte, was die Engländer beinahe zur Abreise provozierte. Frisch wiederum, der den Kongress tatsächlich aus Protest vorzeitig verließ, konzentrierte sich auf die Beobachtung dessen, was »die Deutschen in Polen« durch »Zerstörung und Ausplünderung auf allen Gebieten« hinterlassen hatten: »Schutthaufen«. Er reiste nach Warschau, wo zuvor »die entscheidenden Bomben gefallen [waren]: die ersten«, und er besuchte das ehemalige jüdische Ghetto, das er aus dem berühmt-berüchtigten »Stroop-Bericht« kannte, der 1947 in Dolf Sternbergers Zeitschrift *Die Wandlung* veröffentlicht worden war (neben Auszügen aus dem *Wörterbuch des Unmenschen* wie auch Frischs Briefentwürfen an einen deutschen Offizier). Unter dem Titel *Es gibt keinen jüdischen Wohnbezirk in Warschau mehr!* hatte der SS-Brigadenführer Jürgen (Josef) Stroop protokolliert, wie 1943 der Aufstand des Ghettos niedergeschlagen, das Ghetto zerstört und zehntausende Juden ermordet worden waren – in Stroops Worten, die Frisch, den gerade einmal fünf Jahre von diesen Greueln auf dem Boden Warschaus trennten, in seinem Tagebuch zitierte: »daß es in treuer Waffenbrüderschaft und durch den unermüdlichen Schneid sämtlicher Kräfte gelungen ist, insgesamt 56 065 Juden, die sich der Umsiedlung in die Gaskammern widersetzten, nachweislich zu vernichten« (GW II, S. 612). Die Reise zum Weltfriedenskongress hatte für Frisch Folgen: zum einen vertiefte sie das Zerwürfnis mit der NZZ, indem er dort von demselben Ernst Bieri als Sympathisant der Linken dargestellt wurde, der ihn zuvor der Rechten zugeordnet hatte, und zum anderen war sie der Anfang der jahrzehntelangen Beobachtung Frischs durch den Schweizer Staatsschutz.

Vgl. S. 75 f.

In dieser Zeit der Etablierung als Dramatiker lernte Frisch auch den Schweizer Schriftstellerkollegen Friedrich Dürrenmatt kennen. Die beiden begegneten sich persönlich erstmals am 19. April 1947 im Zürcher Zunfthaus »Zur Meise« anlässlich der Lesung von Dürrenmatts erstem Stück *Es steht geschrieben*, wozu Frisch eine Einführung hielt. Bei aller Bewunderung für den Kollegen artikulierte er hier jedoch Distanz: »Ich bin nicht sicher, ob ich die Dichtung von Dürrenmatt, den ich persönlich nicht kenne, in ihrem wesentlichen Anliegen begreife. Dieses Anliegen ist ein christliches.« (JS, S. 172) Wenn Frisch und Dürrenmatt in der Folge vielfach als ein dichterisches Zwillingspaar wahrgenommen wurden, so widersprach dem Frisch, indem er Dürrenmatt als Theologen, sich dagegen als Aufklärer darstellte: »Wir haben auch sehr bald festgestellt, daß wir völlig verschiedene Temperamente sind, von einem ganz anderen Hintergrund herkommend: er zweifellos vom Theologischen her, und ich, wenn man es so mit einer Etikette sagen will, vom Aufklärerischen her, rationalistischer, humanistisch usw.« (IA, S. 11) In der Tat wich die anfängliche Nähe, die gar mit der Idee einer gemeinsamen Monatsschrift einherging, »die das Unbehagen im Lande, das verschwiegene, zur Sprache bringen« sollte (JS, S. 183), bald einer respektvollen Distanz, wie auch Frischs Rezension der Uraufführung von Dürrenmatts *Romulus* im Mai 1949 bestätigt. Die Fremdheit Dürrenmatts machte Frisch, der gerade auf dem Weg zu einer gesellschaftlich-politischen Literatur war, erneut im »Religiösen« aus, wodurch er »zum wesentlichen Anliegen gerade dieses Dichters, trotz persönlicher Bekanntschaft, letztlich keinen Zugang habe« (GW II, S. 344).

Friedrich Dürrenmatt

Architektur und Ausbruch aus der Bürgerlichkeit (1945-1955)

Die späten vierziger Jahre brachten Frisch mit dem Tagebuch nicht nur einen ersten schriftstellerischen Erfolg, sondern auch den größten Auftrag als Architekt: 1947 konnte nach mehrjähriger Planungs- und Wartezeit mit dem Bau des Schwimmbads Letzigraben begonnen werden: »Die Bauzeit dauerte zwei Jahre, meine Arbeit vier Jahre« (GW II, S. 647), so Frisch nach der feierlichen Einweihung am 18. Juni 1949. Dieses Projekt

Schwimmbad Letzigraben

war für ihn keineswegs nebensächlich, was sich schon an seiner Kommentierung im Tagebuch zeigt: Nicht nur der Theatermacher und Schriftsteller, auch der Architekt denkt dort über seine Rolle als Schöpfer und sein Werk nach. Ein »aufregende[s] Gefühl« beschlich ihn bei seinem Anblick: »Das ist dein Werk, von außen gesehen, dein Gesicht! und das bei gänzlicher Ohnmacht, das Gesicht zu verstellen […].« (GW II, S. 618) Deutlich wird damit auch, dass für Frisch der bürgerliche Beruf in dieser Zeit mit der Literatur durchaus vereinbar war.

Bau am Schwimmbad Letzigraben, 1948

Das im Frühjahr 1944 eröffnete Büro »MAX FRISCH, DIPL. ARCHITEKT, S. I. A. ZÜRICH«, in dem Frisch zeitweise einige wenige Zeichner, einen Lehrling und auch seine Frau Trudy beschäftigte, warf über das Schwimmbad hinaus jedoch wenig Arbeit und Einkommen ab. Diese insbesondere für die Mitarbeiter unbefriedigende Situation lag auch daran, dass Frischs Leidenschaft – am Vormittag am Reißbrett, am Nachmittag an der Schreibmaschine – trotz der Entscheidung für den bürgerlichen Beruf bei der Literatur lag, besonders nach dem wachsenden Erfolg als Dramatiker. Frischs Laufbahn als Architekt ist dennoch nicht auf das Bad Letzigraben reduzierbar. Er realisierte noch zwei weitere Bauten: 1950 erhielt er von einem Haarwasserfabrikanten den Auftrag für ein Landhaus in Schaan in Liechtenstein, das für Frisch allerdings zu einem traumatischen Erlebnis wurde, indem der Bau mit einem Prozess endete. 1959 / 60 wiederum baute er im Tessin ein zweites Haus für seinen Bruder. Darüber hinaus legte das Büro eine Reihe von Entwürfen und Plänen vor, die nicht zur Umsetzung gelangten: 1943 für ein Haus seines Freundes Emil Staiger, 1944 für einen Anbau des Zürcher Kunsthauses, 1946 für die Schule Ringlikon, 1949 für ein Seebad in Pfäffikon und 1950 in Horgen, 1953 für ein Physikgebäude der Universität Zürich, 1954 für den Neubau der Kantonsschule Freudenberg in Zürich-Enge, 1954/55 für eine Künstlersiedlung am Zürcher Stadtrand. Selbst nach seinem Ausstieg aus dem Büro zeichnete er sporadisch Pläne, so 1981 zum Entwurf eines Wohnhauses für seinen Verleger Siegfried Unseld. Kurze Zeit plante er auch ein eigenes Haus oberhalb Meilen am Pfannenstiel. Zwar war klar, dass er mit der Abtretung des Büros an seinen Mitarbeiter Hannes Trösch Anfang 1955 seine Laufbahn als praktizierender Architekt zugunsten derjenigen des Schriftstellers aufgeben wollte.

Theorie und Politik der Architektur

Dennoch war dies keineswegs das Ende der Architektur für Frisch. Vielmehr verlegte er seit Beginn der fünfziger Jahre sein Interesse von der Praxis auf die Theorie und die Politik der Architektur. Ausschlaggebend dafür war seine Reise in die USA 1951/52, unter deren Eindruck er sich von seiner bisherigen traditionalistischen zu einer modernen Architektur hinwandte. Das zeigen nicht nur der Entwurf eines 15-stöckigen Hochhauses für die Universität Zürich, sondern vor allem seine städtebaulichen Reflexionen: ein Vortrag im Juni 1953 vor dem Bund Schweizerischer Architekten *Cum grano salis* (1953), das preisgekrönte Rundfunkgespräch *Der Laie und die Architektur*

Frisch als Architekt und Schriftsteller: Karikatur von H. U. Steger (Weltwoche, 25. Juni 1954)

(1954) sowie die Mitarbeit an der Schrift *achtung: die Schweiz* (1955). Die hier vorgetragenen städtebaulichen Überlegungen waren Anlass der Äußerung nicht nur eines modernen Begriffs von Architektur, sondern auch von sozialen und politischen Vorstellungen. Dies wird besonders deutlich im Vorwort zu dem hauptsächlich von ihm sowie von dem Historiker Markus Kutter und dem Volkswirtschaftler Lucius Burckhardt verfassten Band *achtung: die Schweiz*, der gegen »eine Schweiz, die nicht einmal weiß, wie sie in Zukunft aussehen möchte, eine lächerliche Schweiz, eine Schweiz mit der blinden Emsigkeit der Schildbürger«, den Bau einer »Musterstadt« fordert, die von den Bewohnern selbst gestaltet werden sollte. Es war nichts weniger als der »Entwurf einer schweizerischen Zukunft« überhaupt (GW III, S. 309 ff.).

> »Unser Ziel ist also ein politisches, wobei wir unter Politik [...] etwas anderes verstehen als die derzeitige Geistlosigkeit, die sich in ein paar Lagern feindlicher Bürokratien, Parteien genannt, etabliert hat. Politik ist die Kunst der Möglichkeit in dem Sinn, daß sie die hohe Kunst ist, nicht mehr nur das Nächste und Allernotwendigste zu tun [...], sondern die Möglichkeiten zu erkennen [...]. Wer diese Kunst des Möglichen beherrscht, hat den Schlüssel zur Freiheit, soweit sie auf dieser Erde überhaupt möglich ist.« (Max Frisch, *achtung: die Schweiz*; GW III, S. 338 f.)

Die Reaktion war groß; Frisch kommentierte: »[...] eine Broschüre von fünfzig Seiten. Verkauf: zehntausend Stück. Schriftliche Antworten: tausend. Sofort ein Trommelfeuer der gesamten Presse« (ZHZ, S. 59 f.), sowie die Gründung der Gesellschaft »Die neue Stadt«, die die Pläne für die Landesausstellung 1964 umsetzen wollte. Allerdings geriet Frisch erneut ins Visier des Staatsschutzes, und zwar in dem Maße, wie sich für die bürgerliche Schweiz das Bild des Linksintellektuellen verdichtete. Ungeachtet dessen zeigen Frischs architektursoziologische Schriften, dass die Architektur für ihn nicht etwa auf der Seite staatstreuer Bürgerlichkeit verharrte, sondern wie die Literatur zu einer kritischen Instanz wurde.

Die Literatur hatte dennoch einen entscheidenden Anteil am Bruch mit der Bürgerlichkeit. Symptomatisch dafür ist die

Graf Öderland

Figur des »Grafen Öderland«. Mit der Geschichte eines Staatsanwalts, der aus seinem geregelten Leben »mit der Axt in der Hand« ausbricht, spielte Frisch einmal mehr seine eigene Lage durch. In seiner bewusst gewählten Bürgerlichkeit imaginierte er in drastischer Form den Ausstieg, den er kurz darauf tatsächlich vollzog: Ende 1954 trennte er sich von seiner Familie und bezog am 1. Januar 1955 eine Zweizimmerwohnung im Hasenacker in Männedorf; 1959 erfolgte die förmliche Scheidung.

»In seiner Wohnung (in einem Bauernhaus) stand ein Ölofen, der, wenn er brannte, sehr stark roch und, vermischt mit dem Geruch der Holztäfelung, unverwechselbar zu jener Männedorf-Zeit gehört. Auch die Ravioli aus der Dose, erwärmt im Wasserbad [...]. Und: der Plattenspieler.« (Ursula Priess, *Sturz durch alle Spiegel*, S. 70 f.)

Die Ehe wurde erst am 25. Februar 1959 geschieden. Auf der Bühne der Literatur jedoch probte Frisch diesen Bruch schon lange vorher: »Es war eine normale gute Ehe. Dann kam noch in diese Ehe der Graf Öderland mit dem Beil hinein. Es meldete sich etwas, was ich selbst noch nicht wußte. Meine Erfahrung von Enge drückte sich in der Fiktion aus.« (IH, S. 53) Die Trennung hatte allerdings auch einen äußeren Katalysa-

Präsentation des architektonischen Modells »Die neue Stadt«, 1956

Schreibstipendium der Rockefeller Foundation

tor: Anfang 1951 wurde Frisch ein einjähriges Schreibstipendium der »Rockefeller Foundation« zugesprochen, auf das er sich beworben hatte. Frisch wollte das Stipendium in den USA wahrnehmen, da »ich«, so Frisch an die Foundation, »aus menschlichen Gründen jedenfalls Zürich für einige Zeit verlassen muß, um aus einer Stagnation herauszukommen« (JS, S. 113). So war er von April 1951 bis Mai 1952 unter anderem in New York, Chicago, San Francisco, Los Angeles sowie in Mexiko, teils gemeinsam mit seiner Frau Trudy, während sein Architekturbüro von seinem Mitarbeiter Hannes Trösch geleitet wurde. Was Amerika für Frisch bedeutete, machte er schon in seinem Schreiben an die Foundation deutlich: Es ging ihm darum, »das europäisch-beschränkte Weltbild, das wir mit unserer humanistischen Bildung bekommen, durch eigene Anschauung zu erweitern und der Realität der heutigen Welt näher zu bringen« (JS, S. 113). Nach seiner Rückkehr bekräftigte Frisch diese Notwendigkeit der Relativierung Europas in einem Vortrag vor dem Bund Schweizerischer Architekten in Zürich: Er wollte gegen das »arrogante« Vorurteil des kulturlosen, materialistischen Amerika, gegen die Pose geistiger Vorherrschaft Europas, den amerikanischen Typus des zukunftsvisionären Pioniers und »des globalen Menschen« halten (GW III, S. 229).

Frisch im Central Park, New York, 1951

In den USA schrieb Frisch an einem Roman; zweihundert Seiten entstanden, doch das Vorhaben unter dem Arbeitstitel »Was macht ihr mit der Liebe?« blieb vorläufig Fragment. Erst nach seiner Rückkehr in die Schweiz brachte er es in Form – es wurde Frischs wohl bekanntestes Buch: der Roman *Stiller*. Vorläufig aber gab Frisch das Romanprojekt auf und schrieb in den USA im Winter 1951/52 stattdessen an einem neuen Theaterstück, einer Komödie, um gegenüber der Rockefeller Foundation nicht ohne Ergebnis dazustehen: *Don Juan oder Die Liebe zur Geometrie*. In der im Mai 1953 in Zürich und Berlin uraufgeführten Komödie variiert Frisch die seit Molière und Mozart kanonische Figur des Verführers. Nicht nur ist sein Don Juan an Frauen desinteressiert, gilt seine eigentliche Liebe doch der Geometrie; in der Nachfolge von Søren Kierkegaard zeigt er ihn auch als einen »Intellektuellen«, dem die Welt Schein geworden ist. Don Juans Medium ist daher, wie Frisch 1953 in der Nachschrift zum Stück erklärte, nicht etwa die Musik, sondern das Theater, »das darin besteht, daß Larve und Wesen nicht identisch sind, so daß es zu Verwechslungen kommt wie in den alten spanischen Mantelstücken und wie überall, wo ein Mensch nicht ist, sondern sich selber sucht« (GW III, S. 171). Es ist offensichtlich, dass diese Komödie vom Politischen ins Existentielle der Identitätsfrage ausgreift – zur Problematik Stillers.

Don Juan

Der große Romancier und Dramatiker (1954-1968)

Mit diesem Begriff des Theatralischen und der Identitätsfrage lag *Don Juan* näher an Frischs unterbrochenem Romanentwurf, als es auf den ersten Blick scheinen mochte. Tatsächlich lässt sich der Roman, den er nach seiner Rückkehr in die Schweiz unter dem Titel *Stiller* realisierte, wesentlich als Problematisierung von Identität durch Täuschung, von Selbstsuche durch Selbstverlust verstehen, ein Thema, das er in den folgenden Romanen *Homo faber* (1957) und *Mein Name sei Gantenbein* (1964) weiter variierte. An den *Stiller* machte sich Frisch allerdings nicht unmittelbar nach seiner Rückkehr aus den USA. Zuerst versuchte er sich in einem neuen Medium: dem Hörspiel. Dazu griff er auf Stoffe aus dem Tagebuch zurück, und so entstanden, neben dem Radiogespräch *Der Laie und die Architektur* (1954), die beiden Hörspiele *Herr Biedermann und die Brandstifter* (1952) und *Rip van Winkle* (1953), die im Bayerischen Rundfunk ausgestrahlt wurden. Letztgenanntes Hörspiel, die Legende eines totgeglaubten Bauern, der nach einem zwanzigjährigen Zauberschlaf in eine völlig veränderte Welt zurück-

Hörspiel

kehrt, wurde zu einem Nukleus des entstehenden *Stiller*. Diese seit der Romantik zirkulierende Legende, die Frisch in Washington Irvings New Yorker *Skizzenbuch* (1820) vorfand, hatte er schon als Kind in einer Fassung von Sven Hedin gelesen; am 29. November 1934 veröffentlichte er in der NZZ den Artikel *Kleine Erinnerung*, wo er an diese Legende erinnert. 1952 jedoch lieferte sie Frisch auch manche biographische Analogie: In dem als »Mr. White« aus Amerika in die Schweiz zurückkehrenden Stiller spiegelte Frisch seine eigene Rückkehr als ein Veränderter, Verwandelter. Darüber hinaus greift der Roman zahlreiche aktuelle Fragestellungen Frischs auf, nicht nur persönliche, wie die nach den Möglichkeiten und Grenzen der Ehe, sondern auch politische, wie die Kritik an der Schweiz. Eingeholt von der Romanfigur wurde Frisch nicht zuletzt auch dadurch, dass er im Sommer und Herbst 1953 im Hotel Mont Fleuri bei Montreux über dem Genfersee darüber schrieb, wie sich Anatol Stiller am Ende nach Glion oberhalb von Montreux zurückzieht.

»Ich bin seit zwei Wochen am Genfersee, um alles loszuhaben, was mich stört, und zu arbeiten. Es ist großartig, allein zu sein, selbst in einem sehr hotelmäßigen Hotelzimmer, aber mit kleinem Balkönlein, Blick auf weiten Genfersee, mit Zeit ohne Störungen irgendeiner Art. Ich arbeite sehr viel, bin sehr glücklich dabei.« (Max Frisch an Peter Suhrkamp, 11. März 1954; JS, S. 137)

Nicht nur im Frühjahr 1954 suchte Frisch die Isolation von Familie und Büro, auch im Sommer ging er in »Klausur« (JS, S. 138) in Oberiberg in den Schwyzer Bergen, während seine Familie nach Griechenland reiste. Im Übrigen zeichnete sich schon seit seiner Rückkehr aus den USA 1952 eine neue Beziehung ab: mit Madeleine Seigner, die in Thalwil bei Zürich lebte. Ihr Bruder war der Regisseur Benno Besson, der ebenfalls von Thalwil aus Brecht in Herrliberg besuchte und ihm später ans Theater am Schiffbauerdamm nach Berlin folgte. Frisch und Madeleine Seigner, die wie er verheiratet war, lernten sich im Kreis um die Künstler Fritz Butz und Gottfried Honegger kennen; Letzterer war seit 1945 mit Frisch befreundet. Diese nahe Beziehung dauerte von 1952 bis 1958, wobei Frisch vielfach

Madeleine Seigner

in Thalwil war, wo er auch ihre Kinder kennenlernte, Michel Seigner und Karin Pilliod-Hatzky. In *Montauk* sprach Frisch in Bezug auf Madeleine Seigner von »sechs Jahren ohne Zerwürfnis, ohne Eifersucht, ohne Zermürbung; man wohnte nicht zusammen« (GW VI, S. 682). Auch mit dieser Beziehung im Hintergrund, löste er sich während des Schreibens am *Stiller* kontinuierlich von seinen bürgerlichen Bindungen, bevor er Ende 1954 seine Familie verließ und nach Männedorf zog. In dieser Zeit schrieb Frisch an den befreundeten Emil Staiger im wachsenden Bewusstsein, dass ihm etwas gelungen sei, was »ich nicht zu widerrufen habe« (JS, S. 11). In der Tat wurde der Roman zu Frischs erstem internationalen Erfolg – die amerikanische Übersetzung unter dem Titel *I'm not Stiller* erschien 1958. Neben Übersetzungen verhalf er Frisch auch zum Gesamtwerkpreis der Schweizerischen Schillerstiftung (1955) sowie zum Wilhelm-Raabe-Preis der Stadt Braunschweig (1955).

Ein »kurzer und sogar etwas steifer Besuch« (GW VI, S. 37) Frischs beim kranken Brecht in Ost-Berlin im September 1955 war die letzte Begegnung der beiden – im August 1956 verfasste Frisch nach Brechts Tod einen Nachruf für die *Weltwoche*. Danach machte er sich in seiner Wohnung in Männedorf an das nächste Projekt. Im April 1956 schrieb er an Peter Suhrkamp geradezu euphorisch: »Ich bin an der Arbeit. Endlich! [...] Ich bin froh, daß ich endlich ins Schreiben gekommen bin«; »Das Buch wird ungefähr 250 Seiten haben; es muß bei viel Handlung, viel Fakten, sehr knapp sein, karg, und alles, was uns mehr als die Story-Fakten interessiert, hat sich durch die Montage herzustellen. Titel: ICH PREISE DAS LEBEN, Bericht eines sterbenden Technikers.« (JS, S. 154) Das im Entstehen begriffene Buch war der *Homo faber*. Erneut fühlte sich Frisch auf der Höhe seines Schreibens: Er ahnte »die Möglichkeit meines besten Buches«, wie er am 21. April 1957 an Peter Suhrkamp schrieb (JS, S. 155). Dennoch blieb das Schreiben nicht ohne Kämpfe mit dem Stoff – in letzter Minute verwarf er eine Fassung – und auch nicht ohne finanzielle Engpässe, obwohl der Verlag dem nunmehr freien Schriftsteller eine Monatsrente auszahlte.

Homo faber

Für die Entstehung und die Story des neuen Romans entscheidend war auch die neuerliche zweimonatige Reise in die USA sowie nach Lateinamerika im Juni / Juli 1956 auf Einladung der »International Design Conference« nach Aspen, Colorado, wo Frisch den Vortrag *Why don't we have the cities we need?* hielt. Die Reise (gemeinsam mit dem Graphiker Josef Müller-Brockmann) über Rom und Neapel mit dem Schiff nach New York und von da aus nach San Francisco, Los Angeles, Mexiko, Yucatan und Kuba – allesamt Schauplätze des entstehenden Romans – ermöglichte Frisch erneut die für ihn wichtige Distanz zum Schreiben. Und sie bot die Gelegenheit, die Konfrontation von technischer und atechnischer Welt, wie sie den *Homo faber* leitet, zu veranschaulichen. »Mexiko lockt mich sehr. Es spielt (wenn auch nicht als Mexiko, sondern als Guatemala) in der genannten Arbeit eine entscheidende Rolle: als Gegenwelt; die Indios als Atechniker, die unterentwickelten Völker als dämonische Bedrohung«, so Frisch in einem Brief an Peter Suhrkamp vom 19. April 1956 (JS, S. 154). Noch eine weitere Reise ging in den Roman ein: die Reise nach Griechenland mit Madeleine Seigner im April und Mai 1957. Im August 1957 schloss Frisch das Manuskript ab, bereits Ende September wurde der Roman ausgeliefert, vom Verlag bestens vorbereitet: Die NZZ lieferte Vorabdrucke, Frisch hielt Lesungen, und unmittelbar nach Erscheinen las Peter Lühr den Roman in voller Länge im Schweizer Radio. Nach nur vier Tagen war die erste Auflage mit 8 000 Stück verkauft und weitere 7 000 Stück mussten nachgedruckt werden. Es folgten über hundert Rezensionen und ebenso Preise wie der Lausanner Prix Charles Veillon. Mit dieser großen Resonanz und den bald in mehrere Hunderttausend gehenden Verkaufszahlen hatte sich Frisch auch ökonomisch als freier Schriftsteller etabliert.

Stiller und *Faber* gehören im Ansatz zusammen: Die Konfrontation von moderner technischer Rationalität mit dem Regellosen des Lebens im *Homo faber* ist in doppelter Hinsicht eine Art Alternativgeschichte zum *Stiller*. Zum einen kontrastieren diese beiden Werke zwei grundlegende Pole Frischs – den Künstler und den Techniker –, zum zweiten erproben sie zwei Erzählweisen eines sich selber fliehenden Ichs: bei *Stiller* den Versuch, ein anderer zu sein, und die Zuschreibung von Iden-

tität von außen; bei *Faber* die Auflösung eines rationalen Ichs durch Kontingenz. Frisch selbst bestätigte Hans Mayers Vermutung dieser Zusammengehörigkeit in einem Brief vom September 1961: »Daß Stiller und Faber komplementär sind, meinte ich auch immer.« (ÜMF II, S. 563)
Dieses existentielle, soziale und erzählerische Spiel mit Identitäten und Rollen, mit Konstruktionen und Perspektiven setzte Frisch in einem dritten Roman fort: *Mein Name sei Gantenbein*. Eine wesentliche Voraussetzung dafür war die Beziehung zur österreichischen Schriftstellerin Ingeborg Bachmann. Die beiden trafen sich erstmals am 3. Juli 1958 in Paris, wo Frisch zum Gastspiel von *Biedermann und die Brandstifter* angereist war, Bachmann besuchte ihren Freund Paul Celan. Anstatt zur Aufführung zu gehen (»INGEBORG BACHMANN, DAS BRAUCHEN SIE SICH WIRKLICH NICHT ANZUSCHAUEN«; GW VI, S. 677), verbrachten die beiden die Nacht in Pariser Cafés und Straßen: »[…] die ersten Küsse auf einer öffentlichen Bank, dann in den Hallen, wo es den ersten Kaffee gibt«, so Frisch in *Montauk* (GW VI, S. 711). Die Szene fand auch Eingang

Ingeborg Bachmann

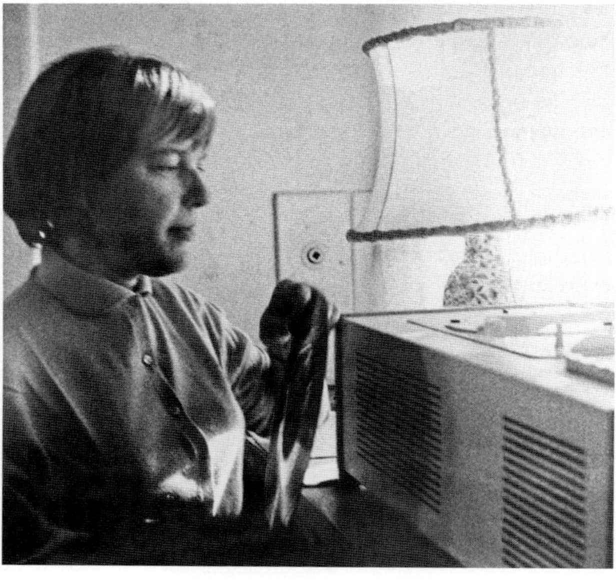

Ingeborg Bachmann in der gemeinsamen Wohnung in der Via Giulia 102, Rom, ca. 1960

in den entstehenden Roman, in dem sich Bachmann in der Figur Lilas »als Studienobjekt mißbraucht« fühlen sollte. In Zürich lebten die beiden zunächst gemeinsam »als Liebespaar« in der Wohnung des Freundes Gottfried Honegger an der Feldeggstraße. Bachmann blieb dort bis März 1959, während Frisch seine Wohnung am Hasenacker in Männedorf beibehielt. Ab April 1959 konnte er für sich und Bachmann eine große Wohnung im Haus »zum Langenbaum« an der Seestraße in Uetikon am See mieten, einem Nachbarort von Männedorf. Mehr noch: Im Herbst 1959 mietete Honegger für Ingeborg Bachmann zum Schreiben eine zusätzliche Wohnung an der Kirchgasse 33 in Zürich in dem Haus, »wo Gottfried Keller als Staatsschreiber gewohnt hat« (GW VI, S. 713). In Rom bezogen die beiden dann im November 1960 eine gehobene Wohnung an der »VIA GIULIA 102, wo es lärmig ist« (GW VI, S. 714), wobei sie in der Folge zwischen Zürich / Uetikon und Rom pendelten, bzw. Frisch teils über Wochen alleine in Rom blieb, während Bachmann unterwegs war. Im Herbst 1959 trug er Bachmann in einem »dicken Brief« (GW VI, S. 713) – express, von Siena aus – die Ehe an. Sie lehnte ab. Die Ehe hätte Bachmanns Vorstellung von freier Beziehung diametral widersprochen, wie auch Frisch im Rückblick bilanzierte: »Was es nie gewesen ist: Ehe als Häuslichkeit in Kleinmut« (GW VI, S. 715). Schwierig genug war ihre freie Beziehung dennoch: Zusammenkommen und Trennung wechselten sich ebenso ab wie Liebe und Eifersucht – Thema des *Gantenbein*-Romans. Als Frisch im Sommer 1959 an Hepatitis erkrankte und ein Tagebuch über ihre Beziehung schrieb, verbrannte sie dieses in Uetikon, während er im Spital war. Frisch wiederum hatte aus Eifersucht »Briefe gelesen, die nicht an mich gerichtet sind, Briefe von einem Mann; sie erwägen die Ehe« (GW VI, S. 716).

»Ihre Freiheit gehört zu ihrem Glanz. Die Eifersucht ist der Preis von meiner Seite; ich bezahle ihn voll.« (Max Frisch, *Montauk*; GW VI, S. 715)

Nachdem die beiden im Mai 1961 noch nach Griechenland gereist waren, ging diese schwierige Beziehung Ende 1962 / Anfang 1963 auseinander, wobei sie beide unter der Trennung litten: »Das Ende haben wir nicht gut bestanden, beide nicht.« (GW VI, S. 717)

In den vier Jahren der Beziehung mit Bachmann war Frisch höchst kreativ; unter anderem entstand der *Gantenbein*-Roman, eine nicht minder komplexe Erzählung von Liebe und Eifersucht wie auch über das Erzählen selbst: als Schaffen von Möglichkeiten. Berühmt wurden einschlägige Formeln wie »Ich stelle mir vor« oder »Ich probiere Geschichten an wie Kleider!« Schon während der Arbeit am Roman, im November 1960, trat Frisch in der *Weltwoche* mit dem Essay *Unsere Gier nach Geschichten* an die Öffentlichkeit, in dem er das Erzählen in diesem Sinne als eine grundlegende Leistung des Menschen überhaupt bestimmte.

»Unsere Gier nach Geschichten, woher kommt sie? Man kann die Wahrheit nicht erzählen. Das ist's. Die Wahrheit ist keine Geschichte, sie hat nicht Anfang und Ende, sie ist einfach da oder nicht, sie ist ein Riß durch die Welt unseres Wahns, eine Erfahrung, aber keine Geschichte. Alle Geschichten sind erfunden, Spiele der Einbildung, Entwürfe der Erfahrung, Bilder, wahr nur als Bilder. Jeder Mensch, nicht nur der Dichter, erfindet seine Geschichten – nur daß er sie, im Gegensatz zum Dichter, für sein Leben hält – anders bekommen wir unsere Erlebnismuster, unsere Ich-Erfahrung, nicht zu Gesicht.« (Max Frisch, *Unsere Gier nach Geschichten*; GW IV, S. 263)

Fast gleichzeitig zu den drei Romanen verfasste Frisch drei Dramen, die wesentlich zu seinem wachsenden Erfolg beitrugen: *Biedermann und die Brandstifter* (1958), *Andorra* (1961), *Biografie: Ein Spiel* (1968). Unmittelbar nach Erscheinen des *Homo faber* machte er sich an die Arbeit am *Biedermann*. Auf Anregung von Kurt Hirschfeld griff er dabei jenen Stoff auf, den er im ersten Tagebuch als »Burleske« skizziert (GW II, S. 556-561) und 1953 für den Bayerischen Rundfunk als Hörspiel bearbeitet hatte: »Ich hatte einen Roman abgeschlossen und publiziert: den ›Homo faber‹ und ich halte es nicht aus, ohne zu arbeiten – da war ich schon freier Schriftsteller, ich konnte also nicht auf die Baustelle gehen –, und das Schauspielhaus Zürich sagte: Schreib ein Stück, schreib ein Stück! Ich sagte: Ich habe keines.

Biedermann und die Brandstifter

Die sagten: Wie wäre es mit diesem Hörspiel?« (GW IV, S. 577) Hirschfelds Anfrage lag nach dem Misserfolg mit dem *Öderland* nicht unbedingt auf der Hand. Ein Erfolg jener Parabel um den biederen Bürger, der aus Feigheit und Opportunismus Brandstifter aufnimmt, zeichnete sich zwar ab, wenn auch die Bedingungen nicht gesichert waren, zumal das Stück – ein Einakter – für einen Abend zu kurz war. So bestand der Plan, dass Dürrenmatt zu der Figur Knechtling einen zweiten Einakter schrieb. Dazu kam es jedoch nicht, stattdessen verfasste Frisch selbst ein zweites Stück für den Abend: die Farce *Die große Wut des Philipp Hotz*, die Geschichte einer eingebildeten Eifersucht. Das »Lehrstück ohne Lehre« *Biedermann und die Brandstifter*, das am 29. März 1958 im Schauspielhaus Zürich unter der Regie von Oskar Wälterlin Premiere hatte, wurde ein großer Erfolg. Dazu trug nicht zuletzt auch der parabolische Charakter bei, der das Stück nicht tendenziös, sondern offen, aber auch kontrovers interpretierbar erscheinen ließ. Interpretiert wurde es in der Semantik des Kalten Krieges und damit im politischen Spektrum zwischen links und rechts: Die Brandstifter waren sowohl als Nazifigurationen (vgl. etwa Hellmuth Karasek; Karasek 1966, S. 75) als auch als Kommunisten interpretierbar, wie etwa Friedrich Torberg nahelegte: »Ob er's wollte oder nicht: Max Frisch hat hier die klassische Satire gegen den Kommunismus, gegen seine Infiltrationstechniken und gegen seine bürgerlichen Handlanger geschrieben.« (MBB, S. 96) Frisch fühlte sich daher für die deutsche Erstaufführung in Frankfurt am Main Ende September 1958 zur Klärung veranlasst, die er in einem »Nachspiel« andeutete, in dem die Brandstifter deutlicher als Nazifiguren erkennbar waren. Das Stück brachte Frisch breite Anerkennung: 1958 den Literaturpreis der Stadt Zürich sowie den Georg-Büchner-Preis der

Frisch und Oskar Wälterlin bei der Probe zur Uraufführung von *Biedermann und die Brandstifter*, Schauspielhaus Zürich, 1958

Georg-Büchner-Preis

Deutschen Akademie für Sprache und Dichtung. Anlässlich der Preisverleihung hielt Frisch die Rede *Emigranten*, ein Plädoyer für das »Emigrantische« als politische Widerständigkeit jenseits nationalstaatlicher Bürgerlichkeit, um erneut zu unterstreichen, dass er mit dem Theater den Weg einer engagierten Literatur beschritt.

»Das Emigrantische, das uns [Frisch und Büchner] verbindet, äußert sich darin, daß wir nicht im Namen unserer Vaterländer sprechen können noch wollen; es äußert sich darin, daß wir unsere Wohnsitze, ob wir sie wechseln oder nicht, überall in der heutigen Welt als provisorisch empfinden. [...] Sind denn wir, die wir versuchen, das Leben schreibend zu bestehen, nicht vereidigt einer anderen Instanz, treu in einem andern Sinn, Zeugen einer andern und unbedingten, vom Wechsel der Könige und Kammern freien Freiheit? – über die Landesgrenzen hinweg, über die Sprachgrenzen hinweg, über die Rassengrenzen hinweg verbunden in unsrer Bejahung des einzelnen, [...] gemeinsam in unsrer produktiv-stillschweigenden Absage an die Vaterländer überhaupt.« (Max Frisch, *Emigranten*; GW IV, S. 239 ff.)

Dutzende Inszenierungen und Hundertausende Buchverkäufe (1982 überschritt die Auflage die Millionengrenze) erlaubten ihm von nun an ein recht komfortables Leben.

Ein Zeichen der hohen Anerkennung, die der Autor von *Faber* und *Biedermann* nun genoss, war auch die Einladung zur Eröffnung der Frankfurter Buchmesse im Herbst 1958. Der Titel seiner Rede, *Öffentlichkeit als Partner*, die er bei der Entgegennahme des Literaturpreises der Stadt Zürich am 14. Dezember 1958 erneut hielt, wurde zur stehenden Wendung. Ihr Inhalt baute das Programm einer engagierten Literatur aus, variierte es aber zugleich, indem Frisch – mit Verweis auf den »Fall Brecht« (GW IV, S. 247) – gegen die Gefahr einer ideologischen oder parteipolitischen Instrumentalisierung der Literatur ihre Unabhängigkeit einforderte: engagierte Literatur ja, aber keine ideologische.

Öffentlichkeit als Partner

Biedermann und die Brandstifter folgte dieser Haltung ebenso wie das nächste, ab 1960 entstandene Stück *Andorra*, das erneut eine Fragestellung aus dem Tagebuch aufgriff, die für Frischs

Andorra

Preisrede *Öffentlichkeit als Partner*, Zürich, 1958

Schaffen grundlegend war. Erstmals formuliert ist sie in der Tagebuchskizze »Du sollst Dir kein Bildnis machen«, wo er die Liebe als die einzige Möglichkeit versteht, dem Gegenüber frei, ohne vorgefertigtes Bild und auferlegte Rolle zu begegnen. Es ist dies wohl die wichtigste Klammer von Frischs Werk überhaupt; 1962 schon unterstrich er, »daß dieser Stoff *mein* Stoff ist« (Frisch, zit. n. Bienek 1965, S. 28).

»Du sollst Dir kein Bildnis machen«

»In gewissem Grad sind wir wirklich das Wesen, das die andern in uns hineinsehen, Freunde wie Feinde. Und umgekehrt! auch wir sind die Verfasser der andern; wir sind auf eine heimliche und unentrinnbare Weise verantwortlich für das Gesicht, das sie uns zeigen [...]. Wir halten uns für den Spiegel und ahnen nur selten, wie sehr der andere seinerseits eben der Spiegel unsres erstarrten Menschenbildes ist, unser Erzeugnis, unser Opfer.« (Max Frisch, *Du sollst Dir kein Bildnis machen*; GW II, S. 371)

Der Arbeit an *Andorra* ging die Anfrage voraus, ein Stück zum zwanzigjährigen Bestehen der Neuen Schauspielhaus AG (1958) zu schreiben. Frisch jedoch konnte den Termin nicht einhalten, nahm stattdessen das in Ibiza angefangene Stück nach Rom mit, wo er es mehrmals überarbeitete, bevor er es Anfang 1960 an den Suhrkamp Verlag schickte. Zugleich gab er 1960 in einem Artikel einen ersten Einblick in das entstehende Werk und erklärte, Andorra sei »nicht mehr und nicht weniger als das Modell einer Gemeinschaft, die mit sich selber nicht identisch ist« (GW IV, S. 258). Kein konkretes Land also sei gemeint, wie Frisch auch in der gedruckten Ausgabe unterstrich (GW IV, S. 462), sondern ein Modell dafür, wie soziale Zuschreibung und Ausgrenzung erzeugt werden. Erneut stellte Frisch eine theatralische Parabel auf, diesmal aber war sie dadurch konkreter, dass sie vom zeitgeschichtlichen Beispiel des Antisemitismus ausging.

Das Stück wurde Frischs zweiter großer Theatererfolg. Die Premiere am Schauspielhaus Zürich Anfang November 1961 musste auf drei Abende ausgedehnt werden, während die Erstaufführung in Deutschland auf drei Bühnen gleichzeitig erfolgte: in München, Frankfurt am Main und Düsseldorf. Erneut folgten Anerkennungen: 1962 der Ehrendoktor der Universität Marburg sowie der Kunstpreis der Stadt Düsseldorf, 1965 der Schiller-Gedächtnispreis des Landes Baden-Württemberg und der »Preis für die Freiheit des Individuums in der Gesellschaft« der Stadt Jerusalem, wo er für seinen »Beitrag im Kampf um die Freiheit der Menschen« geehrt wurde. Frisch reiste im April nach Israel, wo er den Preis im Jerusalemer Stadthaus entgegennahm und eine Dankesrede hielt, deren Bedeutung nicht zuletzt auch darin lag, dass es die erste offizielle Ansprache in Israel überhaupt in deutscher Sprache war, so »belastet sie auch ist mit Schmach und Schuld« (GW V, S. 360).

Preis der Stadt Jerusalem, **vgl. S. 136**

An den großen Erfolg von *Biedermann* und *Andorra* konnte der Dramatiker Frisch nicht mehr anschließen. Sein nächstes Stück, das er 1967 vorlegte, erhielt spürbar geringere Aufmerksamkeit. *Biografie: Ein Spiel* kam am 1. Februar 1968 im Schauspielhaus Zürich unter Leopold Lindtberg zur Aufführung. Vorausgegangen war ein Regiestreit: Als Regisseur war ursprünglich der Brecht-Schüler Benno Besson vorgesehen, der jedoch als Leiter an die Ost-Berliner Volksbühne ging. Ersatz wurde in Rudolf Noelte gefunden, damals nicht weniger bekannt, doch Frisch geriet mit ihm in einen Konflikt, der auch gerichtlich ausgetragen wurde. Noelte wollte gegen Frischs Willen die politischen Aspekte ausblenden. Frisch zog das Stück zurück, die Premiere wurde abgesagt. Als Kompromiss übernahm Lindtberg die Regie. Mit dem Stück schloss Frisch weniger an die

Biografie: Ein Spiel

vorangehenden Dramen als an den *Gantenbein*-Roman an. Aus der Möglichkeitsliteratur machte er ein Möglichkeitsdrama, eine »Dramaturgie der Permutation«, wobei er das dramaturgische Potential des *Gantenbein*-Romans selbst einlöste: das Schauspiel, das Rollenspiel, die Probe, den Wunsch, ein anderer zu sein, wie Frisch auch in seinen »Anmerkungen« zum Druck erklärte (GW V, S. 579 f.). *Biografie: Ein Spiel* ist eine konsequente theatralische Umsetzung der Frage der Konstruktion von Identität, wie sie Frisch in den Romanen selbst als Theatralität herausgestellt hatte. Doch auf der Bühne funktionierte dies paradoxerweise weniger gut. Hier schienen die gesellschaftlichen und politischen Problemstellungen von *Biedermann* wie *Andorra* überzeugender zu sein, mehr noch: Frisch musste sich den Rückzug ins Private vorwerfen lassen. Die Enttäuschung darüber veranlasste ihn zu einer längeren Abstinenz vom Theater.

Politische Einmischungen (1965-1974)

Als sich Frisch Anfang 1963 in Rom von Bachmann trennte, war dies nicht das Ende seiner Rom-Zeit. Im Jahr 1962 lernte der 51-Jährige ebenfalls in Rom die 23-jährige Germanistik- und Romanistik-Studentin Marianne Oellers kennen, zu dieser Zeit Lebensgefährtin von Tankred Dorst, der seinerseits in der Villa Massimo ein Stipendium hatte. Die erste Begegnung fand anlässlich eines Aperitifs bei Frisch und Bachmann statt. Nach der Trennung von Bachmann kamen Frisch und Marianne Oellers zusammen; 1963 bezogen sie eine Wohnung in der Via Margutta in Rom, in der sie bis Mai 1965 lebten. Die Integration in die römische Gesellschaft blieb in all den Jahren schwierig, und so planten sie bald die Rückkehr in die Schweiz. Im Gegensatz zu Bachmann sprachen beide auch kaum Italienisch. Im Mai 1964 erwarb Frisch ein Landhaus in Berzona im Tessiner Valle Onsernone oberhalb von Locarno, auf das ihn sein Schriftstellerkollege Alfred Andersch aufmerksam gemacht hatte, der seit 1958 in Berzona lebte. Im Frühjahr 1965 zogen Frisch und Marianne Oellers in das nach Frischs Entwürfen renovierte Haus, das, zuerst als Sommerwohnsitz gedacht, zunehmend zum Hauptwohnsitz wurde und es von da an, neben wechselnden Zweitwohnungen, auch blieb. So leb-

Marianne Oellers

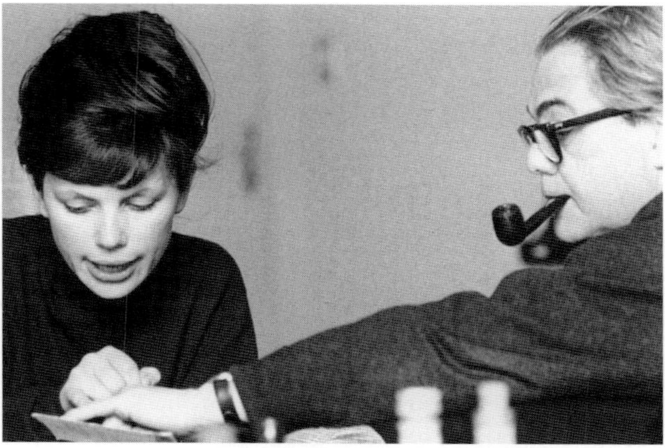

Frisch und Marianne Oellers in Rom, Via Margutta 53B, 1964

ten sie seit 1965 auch in Zürich, zuerst im modernen Neubaukomplex »Lochergut«, in dessen oberstem Stockwerk Frisch eine Wohnung mit Sicht über Stadt und See gemietet hatte. 1968 wiederum kaufte er eine Wohnung am Birkenweg 8 in Küsnacht am Zürichsee, die er bis 1979 behielt. 1973 kam zusätzlich noch eine Wohnung in Berlin dazu, wo Frisch und Marianne bis 1979 oft waren.

Ende 1968 heirateten die beiden in Berzona. Die folgenden Jahre wurden zu einer auch sozial sehr fruchtbaren Zeit, in der Frisch und seine Frau zahlreiche Kontakte zu anderen Schriftstellern pflegten, zu deutschen Kollegen wie Uwe Johnson, Peter Weiss, Jurek Becker, Günter Grass, Wolfgang Hildesheimer, Friederike Mayröcker und Elisabeth Borchers, und zu Schweizer Kollegen wie Peter Bichsel, Jörg Steiner, Adolf Muschg, Paul Nizon, Niklaus Meienberg, Otto F. Walter, Jürg Laederach und Silvio Blatter. In der Festschrift zu Frischs siebzigstem Geburtstag des Suhrkamp Verlags *Begegnungen* (1981) waren viele vertreten.

»Ich bin kein Kritiker, ich will mir kein Bildnis machen; aber beim Lesen von Frischs Büchern sind mir viele Bilder gekommen. [...] beim ersten Satz von Frisch, der mir unter die Augen kommt, halte ich schon inne. Es geht ein Appell aus: mitdenken.« (Silvio Blatter: *Der Weg wird immer steiler*; FMF, S. 32)

In der ersten Zeit ihrer Ehe waren Frisch und Marianne oft auf Reisen: 1963 nach New York zu den amerikanischen Uraufführungen von *Biedermann* und *Andorra* (die dort allerdings auf wenig Verständnis stießen); 1965 nach Israel; 1966 in die Sowjetunion, nach Moskau, Leningrad, Odessa und zurück über Warschau, mit dem Ziel, die neu entstehende Welt hinter dem »Eisernen Vorhang« kennenzulernen; 1967 nach Prag; 1968 erneut in die Sowjetunion zu einem Schriftstellerkongress auf der »Gorki« auf der Wolga, wo sie die DDR-Schriftsteller Christa und Gerhard Wolf kennenlernten – »Wir redeten. Wir saßen uns im Schiffrestaurant gegenüber, langsam glitten die Ufer vorbei [...]. Wir waren uns bewußt, Stellvertreter wenn nicht zu sein, so doch zu scheinen«, so Christa Wolf (FMF, S. 219 f.); 1969 nach Japan und schließlich folgten 1970 bis 1972 längere Aufenthalte in den USA. Eindrücke dieser zahlreichen Reisen finden sich im »zweiten« *Tagebuch 1966-1971* (1972). Es fällt schon äußerlich durch die Verwendung verschiedener Drucktypen auf, die die Bereiche des Fiktionalen und Faktischen, des Subjektiven und Dokumentarisch-Zitierenden unterscheiden. Konsequenter noch als das erste ist das zweite Tagebuch eine kaleidoskopische Collage aus politischen Texten (zu schweizerischen wie internationalen Ereignissen), erzählerischen Einschüben, poetologischen Reflexionen (»Das Schreiben in Ich-Form«), Begegnungen (nochmals Brecht, Günter Grass, den er 1955 zum ersten Mal traf, Uwe Johnson, den er 1962 kennenlernte), Reisebeschreibungen (USA, Russland, Japan), aber auch neuen, nichtliterarischen Formen wie Fragebogen, Liste, Handbuch. Zudem enthält dieses Tagebuch einen Fundus von Themen, die Frisch in seinem Spätwerk entfalten sollte: Fragen um Politik und Gewalt, Alter und Tod.

Reisen

Vgl. S. 134

Tagebuch 1966-1971

Nach seiner Rückkehr aus Rom 1965 und bei dem fast ruhelosen Reisen und Pendeln zwischen verschiedenen Wohnorten in den folgenden Jahren galt Frischs Aufmerksamkeit wesentlich auch der Schweiz. Als eine Art Hassliebe lässt sich sein Verhältnis zur Schweiz charakterisieren, bei der die kritische Haltung des Bürgers Frisch zunehmend in eine Kritik aller Bürgerlichkeit umschlug. Langfristig machte Frisch einen beträchtlichen Wandel in seiner Haltung zur Schweiz durch: Aus dem Apologeten der geistigen wie militärischen Landesverteidigung wurde nach dem Krieg ein skeptischer, gegen Ende seines Lebens gar enttäuschter und pessimistischer Schweiz-Kritiker. Mit seinen kritischen Einmischungen zur Schweiz seit Mitte der sechziger Jahre wurde er zu einer gewichtigen intellektuellen Stimme. Damit hatte er in der Zeit des Kalten Krieges für eine kritische Öffentlichkeit in der Schweiz eine ähnliche Bedeutung wie zum Beispiel Günter Grass für Deutschland. Vergleichbar war seine Stellung als Intellektueller der Nachkriegszeit mit Grass auch in der politischen Position: Wenn auch jenseits von Parteiprogrammen stehend, vertrat er einen sozialistischen Humanismus, der nach 1968 im Kontext einer intensivierten politischen Debatte zwischen Sozialdemokratie, linksautonomer Jugendbewegung und Sozialforschung im Umfeld der Frankfurter Schule wiederholt unter Bewährung stand. Symptomatisch dafür ist etwa, dass er 1971 unter dem Titel *So wie jetzt, geht es nicht* das Vorwort zum Wahlmanifest der Sozialdemokratischen Partei der Schweiz (SP) verfasste. Parteimitglied war er zwar nicht, dennoch »kritischer Sympathisant« (GW VI, S. 790).

Einmischungen zur Schweiz

Als kritischer Intellektueller wurde Frisch freilich auch außerhalb der Schweiz gehört. So wurde er etwa während seiner USA-Reise im Mai 1970 gemeinsam mit Marianne und Siegfried Unseld von Henry Kissinger in das Weiße Haus geladen. Die Nöte des »Akademikers nach deutscher Tradition«, der als Sicherheitsberater des US-Präsidenten Macht und Krieg (Kambodscha) legitimieren musste, beschrieb Frisch im Tagebuch: »Wer Präsident Nixon berät, hat es schwerer als ein Verleger oder ein Schriftsteller [...].« (GW VI, S. 276) Im Herbst 1975 wurde er vom deutschen Bundeskanzler Helmut Schmidt (SPD) in die Delegation zu seiner Chinareise geladen, wobei er mehr vom maoistischen China sah, als dass er den Kanzler beriet: »Warum ich eingeladen bin, ist nie ausdrücklich gesagt worden. [...] Mein Beitrag kann nur die Neugierde sein. Gehört den Chinesen die Zukunft?« (GW VI, S. 782) Zwei Jahre danach hielt er eine Rede auf dem Parteitag der SPD unter dem damaligen Vorsitzenden Willy Brandt in Hamburg. Von der Rolle Frischs als eines kritischen Intellektuellen, der auch

Henry Kissinger

Helmut Schmidt

Frisch mit Willy Brandt auf dem SPD-Parteitag in Hamburg, 1977

in die hohe Politik ausstrahlt, geben die Beiträge von Helmut Schmidt und Henry Kissinger im Filmporträt zu Frisch von Matthias von Gunten (2008) ein eindrückliches Zeugnis.

»Ich fühlte mich zu Frisch hingezogen, es entstand eine Freundschaft aus der Distanz zwischen dem humanitären Moralisten, dem Schreiber Frisch, der ein idealistischer, wenngleich resignativ gestimmter Sozialist war, und dem praktisch handelnden sozialdemokratischen Bundeskanzler.« (Helmut Schmidt, *Die Zeit*, 12. April 1991)

Insbesondere aber in der Schweiz meldete sich Frisch nach 1965 mit einer Reihe von Reden, Essays und literarischen Texten zu Wort, dies unter programmatischen Titeln wie *Unbewältigte schweizerische Vergangenheit* (1965), *Überfremdung* (1965/1966), *Wilhelm Tell für die Schule* (1970), *Dienstbüchlein* (1973), *Die Schweiz als Heimat?* (1974) sowie *Schweiz ohne Armee?* (1989). Die Titel zeigen die Themen von Frischs Auseinandersetzung mit der Schweiz: Ein erstes ist der Vorwurf insbesondere an die schweizerische Literatur, der Frage des »schweizerischen Verhaltens« während der Nazizeit aus dem Weg zu gehen (GW V, S. 371). Ein zweites Thema ist der inhumane Umgang mit den »Gastarbeitern« aus Italien, die einen beträchtlichen Anteil am wirtschaftlichen Aufschwung der Schweiz in der Nachkriegszeit hatten. Treffend war der Satz: »Ein kleines Herrenvolk sieht sich in Gefahr: man hat Arbeitskräfte gerufen, und es kommen Menschen.« (GW V, S. 374) Frisch schrieb ihn in seinem Vorwort zum Buch nach dem Film *Siamo italiani*, in dem der Zürcher Filmemacher Alexander J. Seiler Gespräche mit italienischen Gastarbeitern geführt hatte. Daraufhin wurde Frisch 1966 von der Vereinigung der kantonalen Fremdenpolizeichefs in Luzern eingeladen, diese Ansichten nochmals darzulegen (vgl. die Rede *Überfremdung II*). Die Angst vor dem Fremden deutete er dort als Angst vor der Zukunft, als Utopielosigkeit. Ihr stellte er daher die »Überfremdung als Chance« (GW V, S. 397) für eine künftige weltoffene Schweiz entgegen.

»Was heißt Schweiz? Wir wissen's ungern: ein Finanz-Hort, ein Skigebiet ersten Ranges, ein ideales Mon Repos, Terreno da vendere, ein Platz für internationale Konferenzen, Postfach für obskure Geschäfte, ein Asyl-Land auch, der klassische Sitz des Internationalen Roten Kreuzes, die weltweit liefernde Waffenfabrik Oerlikon und Friedhof berühmter Ausländer – dagegen ist jede Kunst-Förderung ohnmächtig.« (Max Frisch, *Entwurf zu einem Symposion in einer Person*; FJB, S. 272)

Über seine Vorstellung von der Schweiz hat sich Frisch in den sechziger Jahren auch mit zwei zunächst mit ihm befreundeten Zürcher Professoren der Literatur angelegt: zum einen mit Karl Schmid, Professor für deutsche Sprache und Literatur an der ETH Zürich, in den fünfziger Jahren Rektor der ETH und dabei ranghoher Militär, zum anderen mit Emil Staiger, Professor für Germanistik an der Universität Zürich. Beide äußerten sich zur aktuellen intellektuellen Kultur in der Schweiz aus einer konservativen Haltung heraus, Schmid in *Das Unbehagen im Kleinstaat* (1963), Staiger in seiner Rede *Literatur als Öffentlichkeit* (1966), die den Ausgang des sogenannten Zürcher Literaturstreits bildete. Beide bezogen sich in ihrer Kritik auf Frisch, Schmid in seinem Buch ausdrücklich. Frisch las es noch in Rom, um ihm schon von dort zu schreiben: »Nun bin ich also als Anti-Patriot etabliert« (FJB, S. 266 f.), um später in seiner Rede *Die Schweiz als Heimat?*, die er am 12. Januar 1974 im Schauspielhaus Zürich zur Verleihung des Großen Schillerpreises hielt, die »These« des Buches (in Anwesenheit Schmids)

Zürcher Literaturstreit

zuspitzend zusammenzufassen: das »Unbehagen an der heutigen Schweiz können nur Psychopathen haben« (GW VI, S. 517). Schärfer noch, auch weil öffentlich ausgetragen, war der Streit mit dem ehemaligen Freund Staiger. Anstoß war dessen Rede zur Verleihung des Literaturpreises der Stadt Zürich am 17. Dezember 1966, eine moralisch grundierte konservative Schelte der »neueren Romane und Bühnenstücke«, einer »littérature engagée«, die »von Psychopathen, von gemeingefährlichen Existenzen, von Scheußlichkeiten großen Stils und ausgeklügelten Perfidien« wimmelten; Frisch zitiert die Stelle im *Tagebuch 1966-1971* (GW VI, S. 55). Namen waren nicht genannt, doch die Anspielung auf Autoren wie Peter Weiss war den Zeitgenossen klar. Und Frisch fühlte sich allein durch den Titel angesprochen; er kritisierte Staigers Angriff aufs heftigste – zuerst in der *Weltwoche* unter dem Titel *Endlich darf man es wieder sagen* – als »Standgericht«, als »Verurteilung ohne namentliche Aufrufung, selbstverständlich ohne Untersuchung des jeweiligen Falles. Salve! So, wir erinnern uns, verfuhr man schon immer, wenn die Rede war von Entarteter Kunst« (GW V, S. 456).

In den folgenden politisierten Jahren um '68 brachte sich Frisch wiederholt in öffentliche Debatten ein, etwa im Kontext der »Globus-Krawalle« im Juni 1968, im Zuge deren sich Frisch als Mitverfasser des sogenannten *Zürcher Manifests* – wenn auch nicht unkritisch – hinter die linksautonomen Jugendlichen stellte; im Tagebuch zitiert er das Manifest mit der Bemerkung »unterzeichnet« (GW VI, S. 156 f.). Doch vor allem an zwei zentralen Elementen schweizerischen Selbstverständnisses machte er in der Folge seine Kritik fest: am alten Tell-Mythos und am modernen Mythos der Armee. Auf Anregung noch von Brecht hin schrieb er eine Parodie auf den Tell-Stoff: *Wilhelm Tell für die Schule* (1971), dies übrigens erstmals mit Hilfe seiner privaten Sekretärin Rosemarie Primault, die von 1970 an bis zu seinem Tod für Frisch arbeitete. Die Tell-Parodie aus der Perspektive der Figur Gesslers, der zu den mürrischen, humorlosen und fremdenfeindlichen Urschweizern reist, war nicht nur gegen die nachhaltige Instrumentalisierung jenes Mythos in der Schweiz gerichtet, sondern auch Anlass für Ge-

Tell-Mythos

genwartskritik etwa an der Xenophobie, auf die parodistisch-pseudogelehrte Fußnoten anspielen, etwa zu den Ausdrücken »fremde Fötzel« und »Sauhund« (GW VI, S. 417). Die Anmerkung zu »Sauhund« rekurriert auch auf die Berufung palästinensischer Attentäter auf den Freiheitskämpfer Tell bei ihrem Anschlag am 18. Februar 1969 auf ein Flugzeug der israelischen Fluggesellschaft El Al in Zürich. Die Empörung darüber in der Schweiz wurde für Frisch zu einem Anlass, sich mit dem Tell-Mythos zu beschäftigen. In der Fußnote heißt es – gegen diese Empörung gerichtet, allerdings etwas zweideutig: »die Vogt-Tötung bei Küssnacht, wie die schweizerischen Chroniken sie darstellen, entspricht den Methoden der El-Fatah« (GW VI, S. 467). Frischs Tell führte notwendig zu Kontroversen. So veranstaltete die Komödie in Basel im September 1971 eine Diskussion zwischen Frisch und Schülern wie Lehrern zur Frage, ob sich bei diesem Thema eine satirische Kritik als Schullektüre eigne, dies, nachdem der Zürcher Regierungsrat wie die *Schweizerische Lehrerzeitung* vor Frischs Tell warnten und dagegenhielten: »es geht um Wahrheit und echte Bindungen, an Personen, an Ideen und an Werte« (Frühwald / Schmitz 1977, S. 111).

Als Nächstes galt Frischs helvetische Entmythisierung einem modernen Mythos: der Schweizer Armee. Diese Arbeit entstand in Berlin; nach einem USA-Aufenthalt zwischen 1970 und 1972 kauften Frisch und Marianne im Frühjahr 1973 eine Wohnung in West-Berlin. »So sind wir denn in Berlin. Die Begründungen dafür ergeben sich: Leben mit der Mauer, ein paar Freunde auch drüben [...].« (GW VI, S. 671) Den Sommer verbrachten sie in Berzona, unterbrochen von einer dreiwöchigen Urlaubsreise in die Bretagne. Im Herbst 1973 arbeitete Frisch dann in Berlin an einem literarisch-politischen Essay, der die Schweizer Armee gegenüber den *Blättern aus dem Brotsack* neu, nämlich kritisch, in den Blick nimmt, dies unter dem scheinbar affirmativen Titel *Dienstbüchlein* (1974). Als Leitfaden dienten »Erinnerungen an die Zeit beim Militär« (GW VI, S. 725). Diese waren jedoch Anlass für eine kritische Überprüfung der Rolle der Armee – zu damaligen Zeiten wie in der gegenwärtigen Schweizer Gesellschaft. Er dekuvrierte ihre

Wohnung in West-Berlin

grundsätzlich »antidemokratisch[e]« Struktur (GW VI, S. 561), die auf die Entmündigung des Einzelnen zielt, ebenso wie die »Legende« über ihre Bedeutung im Zweiten Weltkrieg. »Ich wagte nicht zu denken,« so beschloss Frisch seine auch selbstkritische Vergangenheitsbewältigung, »was denkbar ist. Gehorsam aus Stumpfsinn, aber auch Gehorsam aus Glauben an eine Eidgenossenschaft. Ich wollte ja als Kanonier, wenn's losgeht, nicht draufgehen ohne Glauben. Ich wollte nicht wissen, sondern glauben. So war das, glaube ich.« (GW VI, S. 616)

Nach Tell und Armee stellte Frisch noch eine weitere Ikone konservativer politischer Semantik in Frage: die »Heimat«. Er tat dies in einer Rede, die er in Berlin geschrieben hatte und zur Verleihung des Großen Schillerpreises der Schweizerischen Schillerstiftung im Schauspielhaus am 12. Januar 1974 hielt: *Die Schweiz als Heimat?* Bei aller Kritik an negativen Kriterien für »Heimat« wie »Chauvinismus« und »Xenophobie« (GW VI, S. 515) bemühte er sich allerdings auch um positive, etwa die Sprache (Mundart) – nicht zufällig das Medium des Schriftstellers.

Um 1975 setzte bei Frisch eine zunehmende Ernüchterung über die politischen Möglichkeiten des Schriftstellers ein. Zwar trat er weiterhin öffentlich auf, 1976 etwa mit der Rede *Haben wir eine demokratische Öffentlichkeit?* auf dem Parteitag der Sozialdemokratischen Partei der Schweiz. Dennoch zweifelte er am Erfolg seines politischen Engagements, beispielsweise nach einem ignorierten offenen Brief an den Bundesrat im März 1974, in dem er gegen die Verschärfung der Asylbedingungen protestiert hatte. »Resignation« beobachtete Frisch aber auch bei der aufrührerischen Jugend von '68 in seiner Rede *Wir hoffen*, die er 1976 anlässlich der Verleihung des Friedenspreises des Deutschen Buchhandels in Frankfurt am Main hielt, zweifellos die größte Ehrung nicht nur für den literarischen, sondern auch für den politischen Schriftsteller Frisch (GW VII, S. 9).

Friedenspreis des Deutschen Buchhandels

Es sollte 15 Jahre dauern, bis Frisch noch einmal zur politischen Feder griff: Anlass war die Initiative für eine Schweiz ohne Armee im Jahr 1989 – ein politisches Großereignis in der Schweiz, zu dem der Autor des *Dienstbüchleins* besonders gefragt war. Frisch war zunächst skeptisch und befürchtete ein Fiasko, doch als die wachsende Unterstützung deutlich wurde (am Ende nahmen rund 35 Prozent der Schweizer die Initiative an), steuerte er einen Beitrag zur Debatte bei – es sollte seine letzte Veröffentlichung werden: das »Palaver« *Schweiz ohne Armee?* (1989) Es war dies ein Dialog zwischen einem Veteranen, in dem unschwer auch Frisch zu erkennen ist, und seinem Enkel, stellvertretend für die Generation derer, die die Werte der Kriegsgeneration nicht mehr teilten und damit in der Armee keine Legitimation mehr zu sehen vermochten. Der Dialog, der im Oktober 1989 unter dem Titel *Jonas und sein Veteran* im Schauspielhaus sowie in Lausanne unter Regie von Benno Besson aufgeführt wurde, radikalisierte das *Dienstbüchlein* auch in einem symbolischen Akt: Am Ende wirft der Großvater das »Dienstbüchlein« illusionslos ins Feuer. Das war eine doppeldeutige Handlung, konnte doch damit nicht nur Frischs literarisches *Dienstbüchlein* von 1974 gemeint sein, sondern auch das militärische Dienstbüchlein, das die (militärische) Identität eines jeden Schweizers verkörpert. Die Geste wurde so zu einem symbolischen Ja für eine Abschaffung der Armee.

Abstimmungsplakat mit Auszügen aus Frischs Text *Schweiz ohne Armee?*, Gestaltung: Gottfried Honegger, 1989

Der späte Frisch (1974-1991)

Zwischen Berlin und Berzona pendelnd, war die Ehe mit Marianne 1973 in eine schwierige Phase geraten, auch nachdem sie mit dem amerikanischen Schriftsteller Donald Barthelme eine Affäre eingegangen war. Als Frisch im April 1974 von seiner amerikanischen Verlegerin Helene Wolff zu einer zweimonatigen Vortragsreise in die USA geladen wurde, während deren er zum Ehrenmitglied der »Academy of Arts and Letters« und des

»National Institute of Arts and Letters« ernannt wurde, reiste er allein. Dem 63-jährigen Frisch hatte die Verlegerin eine junge Betreuerin an die Seite gestellt: die 31-jährige Alice Locke-Carey. Am 11. Mai verbrachten sie ein Wochenende an der »nördliche[n] Spitze von Long Island, hundertzehn Meilen von Manhattan entfernt« (GW VI, S. 622); der kleine Ort hat den indianischen Namen »Montauk«. Es wurde der Titel einer stark autobiographischen Erzählung, an der Frisch nach seiner Rückkehr im Sommer 1974 im Atelier seines Freundes Gottfried Honegger am Meisenrain 77 in Gockhausen bei Zürich schrieb, während er abends in die Küsnachter Wohnung ging.

Montauk

Die Erzählung hat als Leitfaden das Wochenende mit Alice Locke-Carey, die dort den Namen Lynn trägt. Jedoch wird dieser Erzählstrang immer wieder durch scheinbar assoziative Erinnerungen unterbrochen. Dennoch haben die zerstreuten Teile einen Zusammenhang: Es geht primär um Frischs Beziehungen zu Frauen: die frühe Beziehung zu Käte Rubensohn, die Ehe mit Trudy von Meyenburg, die – allerdings fast unausgesprochene – Beziehung mit Madeleine Seigner, die Beziehung mit Ingeborg Bachmann, die – noch bestehende – Ehe mit Marianne Oellers. Aber auch die Mutter wird zum Thema, ihr Besuch in Rom als 88-Jährige, ihr Sterben (1966), sowie die Tochter Ursula, »der gleiche Jahrgang wie Lynn« (GW VI, S. 652). Weitere Textelemente wie ein eigener Lebenslauf bestätigen den entschieden autobiographischen Charakter der Erzählung (»autobiographisch, ja, autobiographisch«; GW VI, S. 719), der das erfindende Erzählen der Romane wie auch das politische Schreiben der Dramen und Essays in Frage stellen sollte.

> »Da Lynn nichts gelesen hat, was ich veröffentlicht habe, genieße ich es, einmal lauter Gegenteil zu reden: – Politik kümmert mich überhaupt nicht. Verantwortung des Schriftstellers gegenüber der Gesellschaft und das ganze Gerede, die Wahrheit ist, daß ich schreibe, um mich auszudrücken. Ich schreibe für mich. Die Gesellschaft, welche auch immer, ist nicht mein Dienstherr, ich bin nicht ihr Priester oder auch nur Schulmeister. Öffentlichkeit als Partner? Ich finde glaubwürdigere Partner.« (Max Frisch, *Montauk*; GW VI, S. 635 f.)

Alice Locke-Carey

Der Haupterzählstrang gehörte dennoch Alice Locke-Carey, die halb so alt wie Frisch und gleich alt wie Ursula war: »Wer die beiden sähe, würde nicht ohne weiteres wissen, was von ihnen zu halten ist: Tochter und Vater oder ein Paar? Sie küssen einander nicht; eine Weile lang, als sie auf einen breiteren Weg gelangt sind, gehen sie Hand in Hand [...].« (GW VI, S. 650) Treu dem autobiographischen Ethos seit Augustinus und Montaigne – »DIES IST EIN AUFRICHTIGES BUCH, LESER und was verschweigt es und warum?« (GW VI, S. 747) –, enthält

Frisch mit Alice Locke-Carey, 1981

es auch intime Szenen sowie die Trennung nach dem Wochenende, die durch den Rückflug Frischs gesetzt war. Allerdings sollte dies keine endgültige Trennung sein: Nach der Scheidung von Marianne am 30. März 1979 trat Frisch 1980, wieder in New York, in Kontakt zu der inzwischen ebenfalls geschiedenen Alice Carey. Was dann als Versuch im Sommer begann, hielt bis zum Frühjahr 1983. 1981 kaufte Frisch einen Loft an der Prince Street 123 nahe des Broadway in Manhattan.

Die Offenheit, mit der Frisch in *Montauk* nicht nur über sich, sondern auch über andere schrieb, verärgerte unter den Beschriebenen insbesondere Marianne. Er berichtet in dieser Erzählung nicht nur von der Zeit mit der jungen Studentin in Rom, dem Hauskauf in Berzona, der Einrichtung der Wohnung in Berlin, sondern auch von ihrem Ehebruch und der Trennung. »ICH HABE NICHT MIT DIR GELEBT ALS LITERA-

RISCHES MATERIAL, ICH VERBIETE ES, DASS DU ÜBER MICH SCHREIBST« (GW VI, S. 686), zitiert er ihr Veto recht unverfroren in *Montauk*. Im Streit über die Veröffentlichung des Privaten vermittelte der gemeinsame Freund Uwe Johnson mit einem Brief an Marianne, der allerdings wenig bewirkte, im Gegenteil: Am 20. Januar 1975 schrieb ihm Frisch aus New York: »Marianne kann sich scheiden lassen; Literatur als Ehebruch.« (FJB, S. 111) – Ende März 1979 wurde die Ehe geschieden. Frisch zog in eine Dachwohnung an der Stockerstraße 39 in Zürich, während Berzona Hauptwohnsitz blieb. In den Jahren an der Stockerstraße war Frisch zudem oft in New York im Loft an der Prince Street. Innerhalb Zürichs zog er danach nur noch einmal um: Im Mai 1983 wechselte er in eine großräumige Zweietagen-Wohnung an der Stadelhoferstraße 28 unweit des Schauspielhauses. Es war die letzte Adresse eines in Zügen nomadisch-emigrantischen Lebens mit zahllosen Wohnungswechseln und Reisen.

> »Ich bin ein Städter, ich bin ein Mieter und kein Bauer, der auf eigener Erde lebt, und also ein Nomade.« (Max Frisch, Vortrag *Cum grano salis*; GW III, S. 239)

Schreiben vom Tod

In *Montauk* schon eröffnete Frisch eine seiner leitenden Fragestellungen des Spätwerks – Alter und Tod: »Es wird Zeit, nicht bloß an Tod zu denken, sondern davon zu reden.« (GW VI, S. 750) Das tat Frisch nicht nur alleine. Über den Tod sprach er bereits im Februar 1967 mit Elias Canetti (»ein großartiger Mann«, so Frisch an Siegfried Unseld am 3. Februar 1967, Max Frisch-Archiv, Zürich), der ihn in Berzona besuchte: »Elias Canetti, zwei Tage zu Besuch, ist gegen den Tod überhaupt, also gegen jedes Denken, das den Tod anerkennt –« (GW VI, S. 59). Gerade im gegenteiligen Sinn zu Canetti sprach er sodann über den Tod um 1980 mit seinem todkranken Freund, dem Professor für Strafrecht an der Universität Zürich, Peter Noll. In dessen *Diktate über Sterben und Tod* (1984) war Frischs Totenrede abgedruckt, die er am 18. Oktober 1982 im Großmünster hielt (GW VII, S. 74). Über den Tod reden, dies tat Frisch aber vor allem in zwei literarischen Texten: *Triptychon* (1978) und *Der Mensch erscheint im Holozän* (1979).

Ungleich besser als in theatraler Form im *Triptychon* gelang ihm die Umsetzung der Rede über den Tod in erzählerischer Form im *Holozän*. An dem Text arbeitete Frisch über Jahre seit dem Sommer 1972. Unter wechselnden Titeln entstanden zahlreiche Fassungen, die letzte im Herbst 1978. Die Erzählung strebt, wie *Montauk*, nach einer Alternative zum erfindenden Schreiben, setzt diese jedoch anders um: nicht im Autobiographischen, in dem sich ein Ich behauptet, sondern im objektiv Gegebenen der Natur, in der das individuelle Ich vielmehr verschwindet, ja, die Menschheitsgeschichte überhaupt zu einer Episode relativiert wird. Diese Dissoziation des Menschen wird an der Figur des alten Herrn Geiser durchgespielt, der im Tessiner Onsernonetal in einem einsamen Haus über Tage hinweg sintflutartige Regenfälle durchlebt und gegen die auflösende Natur Gedächtnis und Wissen zu halten versucht. Er verfolgt ein geradezu enzyklopädisches Projekt, mit dem er die übermächtige Natur durch Wissen zu dominieren versucht. Das ist nicht nur ein »Faber« im Alter, sondern erneut eine Frisch-Figuration. Frisch selbst lenkte die Aufmerksamkeit allerdings auf den in Berzona benachbarten Künstler Armand Schulthess, der Jahre an einer »Enzyklopädie im Wald« gearbeitet hatte, offensichtlich eine Vorlage für Geisers Enzyklopädie-Projekt.

Der Mensch erscheint im Holozän

Der *Holozän*, in Deutschland eher zurückhaltend aufgenommen, brachte Frisch in den USA nicht wenige Auszeichnungen: Die *New York Times Book Review* erkor das Buch zur wichtigsten Erzählung des Jahres 1980. Im selben Jahr erhielt er die Ehrendoktorwürde des Bard College, 1982 die der City University of New York, und im November 1981 hielt er am New Yorker City College zwei Poetikvorlesungen. In diesem Winter machte er sich in Zürich auch an eine neue Erzählung: *Blaubart*, im Februar / März 1982 in der FAZ abgedruckt. Hintergrund war Anfang 1980 ein Prozess gegen einen Goldschmied, der angeklagt war, seine Ehefrau ermordet zu haben. Frisch verfolgte über Wochen »tagein, tagaus« (Reich-Ranicki 1991, S. 107) den Prozess, der mit Freispruch endete. Interessiert war er weniger am Mord als an der äußeren wie inneren, vom Gewissen ausgelösten Technik der Wahrheitsfindung, die auf dem Schwur »Die Wahrheit, nichts als die Wahrheit« gründet,

Blaubart

der ursprünglich Titel werden sollte. Die Erzählung hatte ein Nachspiel, ausgehend von einer Episode über einen »unvergeßlich« bleibenden Freund, einen Herrn »Neuenburger«, hinter dem unschwer der in Neuenburg lebende Dürrenmatt erkennbar war. Neuenburgers Charakterisierung Schaads (»er kann halt nicht denken«; »er hat mir doch jede Frau vorgestellt, die er heiratet, und geschworen, Gott möge ihn verfluchen, wenn er sie je betrüge«; GW VII, S. 359 f.) spielen auf ein Interview mit Dürrenmatt im *Playboy* vom Dezember 1980 an, wo dieser sich entsprechend über Frisch geäußert hatte. Die respektvolle Distanz der beiden Schriftsteller fand in diesen Passagen ein Ende – »wir haben uns wacker auseinander befreundet« (FDB, S. 85), so Dürrenmatt in einem Brief zu Frischs 75. Geburtstag im Mai 1986.

Frisch mit Dürrenmatt in Rüschlikon, 1968

Blaubart sollte einer von Frischs letzten Texten bleiben. Auch die öffentlichen Auftritte wurden weniger, Frisch sesshafter. Nachdem er im Frühjahr 1983 aus den USA zurückgekehrt war, lebte er vorwiegend in seiner Wohnung an der Stadelhoferstraße. Gleichzeitig begann er eine Beziehung mit Karin Pilliod-Hatzky, mit der er seit der Zeit mit ihrer Mutter Madeleine Seigner vertraut war; sie wurde Frischs letzte Partnerin. 1985/86 filmte sein Freund Philippe Pilliod, ihr ehemaliger Mann, ein ausgedehntes Gespräch in Berzona, das im WDR ausgestrahlt wurde.

Karin Pilliod-Hatzky

Frischs Abschied von der Literaturwelt erfolgte kurz nach seinem 75. Geburtstag mit einer Rede auf den Solothurner Literaturtagen 1986: *Am Ende der Aufklärung steht das Goldene Kalb*. Es war eine wenig optimistische Bilanz der Aufklärung – seiner Aufklärung. Die Gegenaufklärung sah er in Form einer Koalition von ökonomischer und politischer Macht triumphieren, während die Aufklärer zu »Staatsfeinden« erklärt werden (SH, S. 467). Ähnlich skeptisch war ein Diskussionsbeitrag über Demokratie, die er in einen »rechtsstaatlichen Apparat« zur »Machtausübung« pervertiert sah (SH, S. 492), oder seine Rede im Basler Theater 1989: *Der Friede widerspricht unserer Gesellschaft*. Sein politisches Engagement gab Frisch dennoch nicht auf. Im Februar 1987 reiste er mit Karin Pilliod-Hatzky zu dem von Michail Gorbatschow veranstalteten »Forum für eine atomwaffenfreie Welt und das Überleben der Menschheit« nach Moskau, wo er, wie Dürrenmatt, in dem von Gorbatschows Berater Tschingis Aitmatow geleiteten Forum für Literatur ein Votum abgab (SH, S. 575). Turbulent ging es dann vor allem im Jahr 1989 zu, das nicht nur durch die Debatte um die Initiative zur Abschaffung der Armee geprägt war. Bereits im Frühjahr 1989 kam es zur sogenannten Fichenaffäre: Es wurde bekannt, dass gut zehn Prozent der Bevölkerung, meist »links« stehende Bürger, teils über Jahrzehnte vom Staat überwacht worden waren, wobei Karteikarten (»Fichen«) angelegt wurden. Auch Frisch war seit seiner Teilnahme an der Friedenskonferenz in Breslau 1948 staatlich bespitzelt worden; seine Akte umfasste 13 Seiten. Frisch war entsetzt; er verlangte im Dezember 1989 Einsicht und verfasste einen Kommentar. Zudem boykottierte er – wie andere betroffene Kulturschaffende – die 700-Jahr-Feier der Schweiz, nachdem ihn der Bundesrat zur Mitarbeit eingeladen hatte. Die linke *WochenZeitung* (WOZ) war dabei besonders engagiert; am 15. März 1991 druckte sie einen Brief von Frisch an Marco Solari, den Delegierten der staatlichen 700-Jahr-Feier – Frischs letzte öffentliche Äußerung: »Wenn ich mit Ihnen von der Schweiz rede, so rede ich nicht von den Landschaften, nicht von Freunden, nicht von Kultur-Denkmälern, nicht von unserer Mundart, sondern ich meine den Staat, 1848 eine große Gründung des Freisinns, heute unter der jahrhundertelangen Dominanz des Bürgerblocks ein

Fichenaffäre

Aus dem Text *Ignoranz als Staatsschutz?*, der sich mit der Bespitzelung Frischs durch die eidgenössische Bundespolizei auseinandersetzt. Unveröffentlichtes Typoskript mit eingeklebten Fichenauszügen, 1990

1

Datum	Gegenstand
27.8.48	v.Dep.Agentur: Reiste am 23.8.48 nach Polen zur Teilnahme am Weltkongress der Intellektuellen für die Sache des Friedens. [redacted]

Das ist korrekt, und wie erwartet: die Eröffnung meiner Fiche bei der Bundespolizei. ~~Laut Nachwort in meinem letzten Buch)~~ Ich ~~Frisch~~ hatte, zusammen mit weiteren Schweizern, auf Einladung der polnischen Botschaft am "Congrès mondial des Intellectuels pour la paix" in Wøroclaw, dem dem früihereb Breslau, teilgegenommen. Eine Reähe international bekannter Schriftsteller, Gelehrter und Künstler war dort zusammen gekommen, unter ihnen Pablo Picassö, Le Corbusier, Madame Joliot-Curie, Georg Lukács, neben den namhaften polnischen Dichtern und Philosophen. Ernst Bieri forderte die Schweizer Teilnehmer in der NZZ auf, Rechenschaft abzulegen über ihr Verhalten in Polen. Allerdings zitiert die Zeitung dann bloss einen einzigen Satz aus ~~Frischs~~ meiner Stellungnahme: "Ich bin nicht für den amerikanischwn Frieden und nicht für den russischen Frieden, sondern für den Friede," Bieris Kommentar besteht aus einem ironischen "Sapienti sat !"

25.9.48	von Pol.Insp.BS: Bericht betr. den "Weltkongress der Intellektuellen für Frieden". Nach Aussagen von [redacted] ist F. vorzeitig abgereist. [redacted]

Das ist korrekt, der Schwarze Balken nicht nötig, der Informant ist zu erraten: Botschafter Ganz in Warschau, den wir, François Bondy und ich, persönlich besuchten an dem Tag, aäs

verluderter Staat – und was mich mit diesem Staat heute noch verbindet: ein Reisepaß (den ich nicht mehr brauchen werde).« (*WochenZeitung*, 15. März 1991)

Karin Pilliod-Hatzky stand Frisch zur Seite, als er schwer erkrankte. Im März 1990 wurde er mit der Diagnose Darmkrebs mit Lebermetastasen konfrontiert, was er sarkastisch kommentierte: »Das Todesurteil ist jetzt ausgesprochen; die entscheidenden Unterschiede werden nun in der Art der Hinrichtung liegen« (MFT, S. 9). In den letzten Monaten seines Lebens war

Krankheit und Tod

Frisch damit beschäftigt, seinen Abgang zu regeln – wichtig war ihm unter anderem, dass keine »Honoratioren der Macht« sprechen sollten, sondern die »Nächsten und ohne Amen« (MFT, S. 5). In der Nacht vom 4. auf den 5. April 1991 starb Frisch in seiner Wohnung in der Stadelhoferstraße. Die Trauerfeier fand am 9. April 1991 in der Kirche St. Peter statt. An der Feier sprachen Karin Pilliod-Hatzky sowie die Freunde Michel Seigner und Peter Bichsel; ein Pfarrer war nicht dabei.

Werk

Übersicht über das Werk

Das umfangreiche Werk von Max Frisch erstreckt sich über drei Gattungen: Journalismus und Essay, erzählende Prosa sowie Drama bzw. Hörspiele und Filmvorlagen. In allen Genres verfasste Frisch in sechzig Jahren Schreibtätigkeit Texte, die kanonisch geworden sind. Mit den beiden Tagebüchern, den drei Romanen *Stiller*, *Homo faber* und *Mein Name sei Gantenbein* sowie den beiden Dramen *Biedermann und die Brandstifter* und *Andorra* etablierte sich insbesondere der »mittlere Frisch« zwischen 1950 und 1970 zu einem Nachkriegsautor von Weltgeltung, der mit Millionenauflagen Bühnen wie Lehrpläne dominierte. Aber auch mit seiner politisch engagierten Essayistik avancierte er zu einem vielbeachteten Intellektuellen in der politisierten Zeit des Kalten Krieges.

Um diese kanonisch gewordenen Werke gruppiert sich jedoch eine größere Zahl von weniger bekannten Texten. Das gilt insbesondere für journalistische Arbeiten, Romane und Dramen des frühen Frisch bis um 1945. Diese erlangten zwar eine beträchtliche zeitgenössische Bedeutung, namentlich die Dramen um 1945, dennoch sind sie inzwischen deutlich in den Hintergrund getreten. Wenn auch weniger ausgeprägt, gilt dies auch für den späten Frisch, der unter anderem mit den Erzählungen *Montauk* (1975), *Der Mensch erscheint im Holozän* (1979) und *Blaubart* (1982) hervortrat, mit denen er nicht mehr an den früheren Erfolg heranreichen konnte, allerdings Texte vorlegte, die an Bedeutung keineswegs verloren haben.

Auch auf Frischs eigene Initiative und mit seiner Beteiligung setzte Mitte der siebziger Jahre ein Prozess der Kanonisierung und Sammlung ein. Zunächst erschienen 1976 zu Frischs 65. Geburtstag die *Gesammelten Werke in zeitlicher Folge* in sechs Bänden, herausgegeben von Frischs Weggefährten Hans Mayer in Abstimmung mit Frisch – für diesen ein »melancholisches Geschäft« (FJB, S. 157) – sowie in Zusammenarbeit mit Walter Schmitz, der mit Frisch die Anmerkungen erarbeitete. Die chronologisch angelegte Ausgabe ist keine kritische; sie dokumentiert nicht Frischs Arbeitsprozess, sondern legt in der Re-

Gesammelte Werke

gel die letzten Fassungen vor, die allerdings teils grundlegend von vorangehenden abweichen. Zehn Jahre später erschien die Werkausgabe um einen 7. Band erweitert, der die wichtigsten Texte von Frischs Spätwerk bis 1985 enthält. Zugleich initiierte er 1979 die Gründung der Max Frisch-Stiftung in Zürich sowie des Max Frisch-Archivs, das 1981 an der ETH Zürich die Arbeit aufnahm – an derjenigen Hochschule, an der Frisch Architektur studiert hatte. »Sie sehen«, so schrieb Frisch am 15. September 1980 an Uwe Johnson: »als ich siebzig war, drängte es den Alten doch nach Ordnung und Vorsicht gegenüber Verleger und Erben; daher die Stiftung« (FJB, S. 223). Dem Stiftungsrat gehörten anfänglich an: Peter Bichsel, Peter von Matt, Adolf Muschg, Max Frisch, Siegfried Unseld. Ein weiterer Teil des Frisch-Nachlasses befindet sich im Deutschen Literaturarchiv Marbach, das 2010 aus dem Archiv des Suhrkamp Verlags zahlreiche Dokumente übernehmen konnte, darunter einen großen Teil der Manuskriptfassungen der Texte seit dem ersten Tagebuch (1950) sowie Korrespondenz.

Mit der Gesamtausgabe liegen dennoch nicht sämtliche gedruckten Texte Frischs vor. Zum einen fehlt eine Reihe früher Texte, neben einigen journalistischen Beiträgen, die 2001 ediert wurden, ist auch der zweite Roman *Antwort aus der Stille* (1937) nicht dabei, den Frisch ausdrücklich nicht aufnehmen wollte und der erst 2009 wieder aufgelegt wurde. Zum anderen sind die späten, nach 1986 verfassten Texte nicht aufgenommen worden, die in dem Band *Schweiz als Heimat?* (1990) versammelt sind, zum Beispiel der Dialog *Schweiz ohne Armee?* (1989). Seit Frischs Tod 1991 sind aus dem Archiv einige ungedruckte Texte publiziert worden, insbesondere Korrespondenz. Erschienen sind bislang Ausgaben wie die Sammlung *Jetzt ist Sehenszeit. Briefe, Notate, Dokumente 1943-1963* (1998) sowie die Briefwechsel zwischen Frisch und Walter Höllerer (1969), Friedrich Dürrenmatt (1998), Uwe Johnson (1999), Carl Zuckmayer (2000), Paul Celan (2009) sowie Frisch und seiner Mutter (2000). Darüber hinaus finden sich einzelne Briefe von Frisch in Ausgaben von Korrespondenzen, unter anderem von Jurek Becker (2004), Wolfgang Hildesheimer (1999), Erich Kästner (2003), Hans Mayer (2006), Marcel Reich-Ranicki (2000), Arno

Korrespondenz

Schmidt (1985) und Werner Weber (2009). Insgesamt ist damit jedoch nur ein kleiner Teil der Korrespondenz ediert. Zahlreiche Briefwechsel befinden sich noch in Archiven, darunter die mit Theodor W. Adorno, Ilse Aichinger, Alfred und Gisela Andersch, Ingeborg Bachmann, Samuel Beckett, Peter Bichsel, Heinrich Böll, Hans Magnus Enzensberger, Ernst Ginsberg, Jürgen Habermas, Hermann Hesse, Kurt Hirschfeld, Kurt Horwitz, Martin Hürlimann, Eduard Korrodi, Herbert Marcuse, Will Quadflieg, Volker Schlöndorff, Helmut Schmidt, Gershom Scholem, Susan Sontag, Emil Staiger, Peter Suhrkamp, Peter Szondi, Siegfried Unseld, Martin Walser und Christa Wolf. Das Verständnis von Frischs Leben und Werk wird sich zweifellos vertiefen, wenn diese Briefwechsel zugänglich sind und ediert werden. In Aussicht steht die Edition der Korrespondenz zwischen Frisch und Peter Suhrkamp.
Unveröffentlicht sind zudem die vielen Notizhefte Frischs, die weniger einen literarischen als vielmehr einen persönlichen Tagebuchcharakter haben. Von besonderem Interesse sind das *Berlin Journal 1973-1980*, von dem Frisch Uwe Johnson einen Auszug anvertraut hatte, sowie die Briefe, unter anderem von und an Ingeborg Bachmann und Marianne Oellers, deren Sperrfrist im April 2011 erloschen ist. Nicht weniger wichtig sind auch die Manuskripte der gedruckten Texte, Dramen wie Prosa, zumal Frisch diese vielfach umgearbeitet hatte. Das Verständnis von Frischs Werk wird sich nochmals verbessern, wenn dereinst – wie geplant – eine kritische Ausgabe vorliegen sollte, die auch die Textentstehung dokumentiert.

Literatur und ihre Theorie

Keine Theorie

Eine Theorie der Literatur, noch genauer: eine Theorie des Romans und des Dramas hat Frisch nicht ausgearbeitet. »Ich habe keine Theorie«, so Frisch überdeutlich (SQ, S. 19). Das bedeutet dennoch keineswegs die Abwesenheit von poetologischer und dramaturgischer Reflexion. Bei genauerem Hinsehen findet sich zwar nicht in geschlossener Form, aber doch über seine Texte verstreut eine Reihe von weitreichenden, Ansätzen und Überlegungen, einerseits im *Tagebuch 1946-1949* unter expliziten Titeln wie »zur Schriftstellerei« und »zum Theater«, andererseits in der Erzählprosa wie im *Stiller*, im *Gantenbein* oder in *Montauk*.

Autobiographie

In diesen Texten setzen Frischs poetologische Überlegungen an der für ihn zentralen Form der Autobiographie an. Von sich selber schrieb er nicht nur in den Tagebüchern, sondern auch in fiktionalen Texten – von der frühen Prosa wie *Jürg Reinhart* und *Bin oder Die Reise nach Peking*, in der er die Forderung aufstellte: »Man müßte erzählen können, so wie man wirklich erlebt« (GW I, S. 617), bis hin zu den späten Erzählungen wie vor allem *Montauk*, der er programmatisch Montaignes Maxime voranstellte: »DENN ICH BIN ES, DEN ICH DARSTELLE.« (GW VI, S. 619) In diesem Sinn ist bei Frisch auch das literarische Schreiben vielfach autobiographisch. Dies gilt indirekt noch da, wo er an literarischen Figuren die Frage der Konstruktion von Identität zum Thema machte, wie in den Romanen *Mein Name sei Gantenbein* und *Stiller*, dessen Protagonist sich vor der Aufgabe sieht: »Ich soll mein Leben niederschreiben!« (GW III, S. 362)

»Leben und Schreiben – und der Abstand dazwischen: das beschäftigt Max Frisch. Leben durchdringt Schreiben, und umgekehrt: Leben und Schreiben als eine Existenzform.« (Silvio Blatter, *Der Weg wird immer steiler*; FMF, S. 40)

Autobiographie bei Frisch ist keine integrale Beschreibung des eigenen Lebens, vielmehr Ausdruck einer Verunsicherung des Subjekts durch Literatur. In das Faktische des Ichs mischt sich das Literarische, Erfundene, Zugeschriebene. Das Erzählen entfaltet damit ein theatrales Rollenspiel, bei dem das Ich hinter angenommenen wie erfundenen Mustern sich verhüllt, ja auflöst. »Ich probiere Geschichten an wie Kleider!« (GW V, S. 22), heißt es im *Gantenbein*. Diese Grenzüberschreitung von Literatur und Leben mündet in eine Paradoxie: »Ich habe mich in diesen Geschichten entblößt, ich weiß, bis zur Unkenntlichkeit. [...] Es stimmt nicht einmal, daß ich immer nur mich selbst beschrieben habe. Ich habe mich selbst nie beschrieben. Ich habe mich nur verraten.« (GW VI, S. 720) Und im *Stiller*: »Man kann alles erzählen, nur nicht sein wirkliches Leben [...].« (GW III, S. 416)

»Ich behaupte: Wenn Sie mir nichts von Ihrem Leben erzählen, [...] wenn Sie, stattdessen, nur fantasieren und wenn ich von Ihnen siebenundsiebzig Geschichten gehört habe, traurige und lustige, lauter erfundenes Zeug, so haben Sie von Ihrer wirklichen Person mehr verraten, als wenn Sie, und sei es noch so ehrlich, Ihre Biographie erzählen.« (Max Frisch, New Yorker Poetikvorlesung vom November 1981; SQ, S. 30)

Das Verhältnis von Wirklichkeit und Vorstellung bei Frisch ist unauflösbar ambivalent. Auf der einen Seite ist die Imagination förderlich für eine Literatur, die zwar vom Wirklichen ausgeht, jedoch nach ganzer Lust erfindet und das Spiel der Identitäten ohne Einschränkung spielt. Auf der anderen Seite mag sie jedoch als hinderlich erscheinen, wo der Anspruch besteht, aus diesem Spiel der Imagination heraus- und zum ›Realen‹ eines Ich zurückzufinden. Die Unterscheidung von Leben und Literatur ist damit aufgebrochen; sie sind zwei Teile eines umfassenden imaginativen Prozesses.

Neben solchen über das Prosawerk verstreuten Überlegungen finden sich dennoch auch vereinzelte Essays, in denen Frisch auf poetologische Fragen ausführlicher eingeht, vor allem in Bezug auf das Theater wie in *Theater ohne Illusion* (1948) oder auf die politische Funktion von Literatur wie in *Kultur als Alibi* (1949). Als eine vorsichtige Synthese seiner poetologischen Überlegungen können jedoch insbesondere zwei Vorlesungen gelten, die Frisch Anfang November 1981 am City College in New York gehalten hatte. Das deutsche Originalmanuskript wurde 2008 unter dem Titel *Schwarzes Quadrat. Zwei Poetikvorlesungen* ediert. Sie bieten auch insofern eine Zusammenschau von Frischs Poetologie, als sie mit zahlreichen Selbstzitaten ausgestattet sind. Dabei folgen die beiden Vorlesungen durchaus einer Systematik: Die erste verfolgt eine produktionsästhetische Perspektive – die Leistung von Imagination und Fiktion im Verhältnis zum Ich und seiner Erfahrung; die zweite nimmt einen wirkungsästhetischen Aspekt in den Blick und fragt nach der Funktion von Literatur in der Gesellschaft, um schließlich mit einem »Manifest« zu enden, in dem Frisch seine Ausführungen auf Thesen zur »Poesie« zuspitzt.

Zwei Poetikvorlesungen

Frischs Verständnis des Schreibvorgangs geht einerseits von einem Erlebnisgrund des Erzählens aus: »Es gibt keine Fiktion, die nicht auf Erfahrung beruht.« (SQ, S. 30) Doch ist dieses Erfahrene nie direkt oder ganz benennbar, vielmehr ist es ein unsagbarer Grund, das einen unabschließbaren Erzählprozess auslöst, im Zuge dessen das Erzählte (das Ich) immer neu erfunden wird. Dazu zitiert Frisch eine zentrale Passage aus dem ersten Tagebuch: »Was wichtig ist: das Unsagbare, das Weiße zwischen den Worten, und immer reden diese Worte von den Nebensachen, die wir eigentlich nicht meinen. Unser Anliegen, das eigentliche, läßt sich bestenfalls umschreiben, und das heißt ganz wörtlich: man schreibt darum herum. Man umstellt es. Man gibt Aussagen, die nie unser eigentliches Erlebnis enthalten, das unsagbar bleibt; sie können es nur umgrenzen, möglichst nahe und genau, und das Eigentliche, das Unsagbare, erscheint bestenfalls als Spannung zwischen diesen Aussagen.« (SQ, S. 23; GW II, S. 378 f.)

Erlebnisgrund des Erzählens

Über dieses Verhältnis von Erfahrung und Erfindung dachte Frisch allerdings nicht immer gleich. Insbesondere im Kontext des *Gantenbein*-Romans setzte er den Akzent im Wesentlichen auf das Erfinden, sah dort das Ich als je neu erfindbares, die Welt als konstruierbare, wie er auch in dem programmatischen Feuilleton *Unsere Gier nach Geschichten* (1964) schrieb: »Alle Geschichten sind erfunden, Spiele der Einbildung, Entwürfe der Erfahrung, Bilder, wahr nur als Bilder. Jeder Mensch, nicht nur der Dichter, erfindet seine Geschichten [...].« (GW IV, S. 263) Den Gegenpol dazu bilden die späten Erzählungen *Montauk*, *Holozän* und *Blaubart*, die von diesem Idealismus weg- und auf einen Erfahrungs- und Realitätsgrund zusteuern: das Ich, die Natur, der Kriminalfall. Sie wollen ein Erzählen »ohne auszuweichen in Erfindungen« (GW VI, S. 719), allerdings nicht ohne dem Erfinden dabei die Aufgabe der Verunsicherung solcher Vergewisserung zurückzugeben.

Die zweite New Yorker Poetikvorlesung thematisiert die gesellschaftliche Rolle des Erzählens. Dabei stellt sich Frisch der in den fünfziger Jahren vorherrschenden Forderung Sartres wie Brechts nach einer »littérature engagée« (SQ, S. 60), die die »bürgerliche« Selbstbezüglichkeit überwindet und sich durch

Gesellschaftliche Rolle des Erzählens

gesellschaftspolitisches Engagement auszeichnet. Dieser Forderung, die Frisch erstmals in seinem Essay *Kultur als Alibi* stellte und in seinen Dramen einzulösen versuchte, stand er im Jahr 1981 jedoch mit Skepsis gegenüber: soziale Kunst ja, heißt es nun, aber nicht im Sinne einer »direkt-politischen Literatur« (SQ, S. 64), sondern einer utopischen Funktion.

»Was unsere Literatur liefert: das Bekenntnis zur Trauer, die Einladung zum Protest. Die Literatur liefert (implizite) die Utopie, daß Menschsein anders sein könnte. UTOPIE.« (Max Frisch, Zweite Poetikvorlesung; SQ, S. 62)

Die utopische Funktion der Literatur erklärt sich auch aus dem Titel *Schwarzes Quadrat*, den Frisch seinem »Manifest« gab: In Anlehnung an den russischen Avantgardisten Kasimir Malewitsch soll die Rede von der Literatur als »schwarzem Quadrat« zeigen, »daß es noch etwas anderes gibt als die Gesellschaft und den Staat. Daß es noch etwas anderes gibt. Das ist die Irritation. Kunst als Gegen-Position zur Macht.« (SQ, S. 71) Erzählen, »ohne seine Schriftstellerei zu rechtfertigen durch Verantwortung gegenüber der Gesellschaft; ohne Botschaft«, war auch das literarische Programm in *Montauk* (GW VI, S. 719 f.).

Das Frühwerk (1933-1945)

Frischs literarisches Frühwerk umfasst neben dem umfangreichen journalistischen Werk vier Prosatexte – Romane und Erzählungen, in denen er in unterschiedlichen Variationen die Spannung zwischen Kunst und Bürgertum verhandelte: *Jürg Reinhart* (1934), *Antwort aus der Stille* (1937), *J'adore ce qui me brûle oder Die Schwierigen* (1943) und *Bin oder Die Reise nach Peking* (1945). Einmal erscheinen sie als unvereinbare Gegensätze, dann als komplementäre und vereinbare Pole. Einmal schlägt das Pendel für die Ungebundenheit der Kunst aus, dann für die Rückkehr in die bürgerliche Welt. Mit diesen erzählerischen Experimenten lotete Frisch mehr oder weniger offen auch seine eigene Situation aus.

Jürg Reinhart. Eine sommerliche Schicksalsfahrt

Roman, entstanden zwischen Winter 1933 und Frühling 1934; ursprünglich als Schauspiel geplant. Erschienen 1934 in der Deutschen Verlags-Anstalt Stuttgart.

Frischs erster Roman wirft das klassische Thema der Adoleszenz, des »Mannwerdens« auf, wobei er seine eigene Reise nach Südosteuropa im Jahr 1933 als Ausgangslage nimmt. Anlass des dreiteiligen Romans ist die Reise eines jungen Mannes auf der Suche nach einer »Tat«, die ihn zum »Mann« (durch die intime Begegnung mit einer Frau) oder zum »Menschen« (durch eine heldenhaft-tapfere Tat) machen würde. Jürg Reinhart, so sein Name, gelangt auf einer Sommerreise über Wien nach Kroatien. In Ragusa (heute Dubrovnik) logiert er in einem »Fremdenhaus«, das von einer verarmten deutschen Adeligen und ihrer 30-jährigen Tochter Inge geführt wird. Der erste Teil zeigt Reinharts Abwehr des »Mannseins«: seine Flucht vor dem Verführungsversuch einer verheirateten Baronin, vor der Gegenwart der jungen »Haustochter« Hilde, vor der Liebe von Inge. Im zweiten Teil verlässt er Ragusa in Richtung Istanbul, um journalistische Reiseberichte zu schreiben. Währenddessen ist Inge schwer erkrankt, wobei sie die schwierige Frage der Sterbehilfe aufwirft, die sie als »männliche Tat« bezeichnet. Der zurückgerufene Jürg begeht schließlich die »Tat«, indem er ihr eine Morphiumspritze gibt. In seiner Vorstellung hört er die verstorbene Inge sagen: »Jürg: Sie werden stehn zu Ihrer Tat. Sie werden es nicht leugnen, daß Sie endlich den Weg gefunden haben zum Handeln, und werden stolz sein, daß Sie ein Mann geworden sind.« (GW I, S. 382)
Die zeitgenössischen Kritiker – etwa Eduard Korrodi in der NZZ vom 14. Oktober 1934 – reagierten sehr positiv. Frisch selbst wertete den Roman im Nachhinein als einen »sehr jugendlichen Roman« ab (Arnold 1975, S. 14).

Antwort aus der Stille. Eine Erzählung aus den Bergen

Erschienen 1937 in der Deutschen Verlags-Anstalt Stuttgart / Berlin. In der Ausgabe der *Gesammelten Werke* fehlt sie auf Frischs Wunsch. Eine Neuausgabe erfolgte 2009 im Suhrkamp Verlag.

Frischs zweiter Prosatext thematisiert den Konflikt zwischen künstlerischer und bürgerlicher Existenz. Ein junger promovierter Lehrer, Balz Leuthold, begibt sich in die Berge und denkt über seine Ambitionen nach, seine Anlage zu einem »besonderen Menschen« zu verwirklichen, anstatt sich als »gewöhnlicher Mensch« bürgerlich einzuordnen. Sein Plan ist es, den Nordgrat eines Berges zu besteigen, »den noch nie ein Mensch bezwungen hat« (AS, S. 17), um so die Leere seines Lebens »ohne Ziel, ohne Sinn, ohne alles, ohne Berufung« zu überwinden (AS, S. 21). Auch die bevorstehende Ehe erfüllt ihn nicht; für ihn gibt es auch in der Liebe »kein Genugsein, sondern immer wieder ein Weitermüssen, sei es in die männliche Untreue oder in die männliche Tat« (AS, S. 22). Aus dieser Verzweiflung heraus macht er sich auf zum Nordgrat, nun gemeinsam mit Irene, die er zuvor im Gasthaus kennengelernt hat. Mit ihr bietet sich ihm das unbürgerliche Gegenmodell zur Ehe: Auf dem Gipfel gestehen sich Irene und Balz ihre Liebe und imaginieren ein Leben »ohne Bindung und ohne Rücksicht«, »ein Leben, wie es unsere Sehnsucht kennt« (AS, S. 96). Doch Leuthold widersteht dem Ausbruch, begibt sich alleine auf eine gefährliche Tour, von der er mit Erfrierungen wiederkehrt. Was er in der Stille gehört hat, kann er zwar nicht verbalisieren, doch ist er zur Erkenntnis gelangt, dass es »kein gewöhnliches Leben gibt, kein verächtliches Leben, das einfach wegzuwerfen wäre« (AS, S. 144). So findet er im bürgerlichen Leben die wahre Erfüllung.

Dass Frisch mit dieser Erzählung nicht zufrieden war, zeigt sein Gelübde kurz nach Erscheinen, nie wieder zu schreiben, wie auch die späte Entscheidung, den Roman nicht in die *Gesammelten Werke* aufzunehmen. Während die deutsche Presse Anklänge an die Heimatliteratur feierte, reagierte die Schweizer Kritik (NZZ) gerade darauf mit Skepsis. Dennoch wurde Frisch 1938 der Conrad-Ferdinand-Meyer-Preis verliehen, eine Anerkennung auch dieser Erzählung. Die Neuausgabe 2009 wurde in der NZZ (13. Oktober 2009) als »längst überfällig« begrüßt, in der FAZ (3. Dezember 2009) dagegen als »eine unglückliche Entscheidung« kritisiert.

J'adore ce qui me brûle oder Die Schwierigen

Roman, entstanden 1942, erschienen 1943 im Atlantis Verlag in Zürich, eine überarbeitete Fassung wurde 1957 veröffentlicht. In der zweiten Fassung bestand der Roman aus vier Teilen (»Hinkelmann oder Ein Zwischenspiel«; »Turandot oder Das Heimweh nach der Gewalt«; »J'adore ce qui me brûle oder Die Entdeckung«; »Anton, der Diener oder Das wirkliche Leben«). Die Erstausgabe enthielt auch noch den ersten Teil »Reinhart oder Die Jugend«.

Der Roman entwirft Szenarien der Beziehung zwischen Mann und Frau. Die ineinander verwobenen Geschichten der Figuren, darunter erneut Jürg Reinhart, dessen Geschichte weitererzählt wird, demonstrieren mögliche Fallbeispiele: Teil I zeigt das Scheitern der bürgerlichen Ehe an Yvonne und ihrem Mann, dem Archäologen Hinkelmann, für den sie eine mütterliche Rolle hat. Als sie schwanger wird, verlässt sie ihn, was ihn zum Selbstmord treibt. Teil II spielt das Gegenmodell einer unbürgerlichen Liebe zwischen Yvonne und dem nunmehr Künstler gewordenen Jürg Reinhart durch. Als Yvonne diese freie Liebe in eine bürgerliche transformieren will, verlässt sie auch Reinhart und heiratet den Industriellen Hauswirt. Teil III kehrt das Experiment um: Nun will der Künstler Reinhart das bürgerliche Leben und verbrennt (wie Frisch) sein Werk, während die großbürgerliche Hortense, mit der er zusammenkommt, aus ihrer Ordnung ausbrechen und in Paris ein Bohèmeleben führen möchte. Die Ehe, die Reinhart ihr anträgt, wird aber auch von ihrem Vater aus Standesüberlegungen heraus verwehrt. Reinhart wird wahnsinnig, kommt ins Irrenhaus und wird dort Gärtner. Im IV. Teil erscheint Reinhart als Gärtner Anton, zwar genesen, aber verbittert über die Unmöglichkeit seiner Verbürgerlichung, und er bringt sich um.
Der Roman verweist in der mehrperspektivischen Erzähltechnik und Möglichkeitsauslotung auf die späteren großen Romane. Die zeitgenössische Kritik nahm das Buch positiv auf, unter anderem erneut Eduard Korrodi in der NZZ (ÜMF II, S. 176); die Schweizerische Schillerstiftung erwarb an Weihnachten 1943 hundert signierte Exemplare für ihre Mitglieder.

Bin oder Die Reise nach Peking

Erzählung, entstanden 1944, erschienen im Atlantis Verlag in Zürich 1945. Eine überarbeitete Ausgabe wurde 1952 im Suhrkamp Verlag veröffentlicht.

Die Funktion des Erzählens als Experimentieren mit Möglichkeiten und Wünschen wird in der Erzählung *Bin oder Die Reise nach Peking* weiter entwickelt. Dabei geht es erneut um Alternativen zum bürgerlichen Leben. Der Ich-Erzähler, ein Architekt namens Kilian, hat alle Güter der bürgerlichen Welt erlangt: Arbeit, Haus, Garten, und seine Frau »Rapunzel« hat ihm einen Sohn geboren. »Wir sind in einer Weise glücklich, die uns kaum noch ein Recht läßt auf Sehnsucht [...].« (GW I, S. 631) Eben damit sind jene über das bürgerliche Glück hinausgreifenden »Sehnsüchte« angesprochen. Sie entzünden sich zunächst an der Chinesischen Mauer, sodann an der Vorstellung Pekings und der Figur Bins, einer Personifikation der Möglichkeiten des Seins überhaupt. Erzählt wird die Reise Kilians zur Chinesischen Mauer sowie weiter mit Bin nach Peking, das sie nah glauben. Doch Peking ist nicht real, sondern ein Wunschort. Die Reise erhält damit einen symbolischen Charakter als Weg durch die Lebensalter: Es geht um das Ausloten der Sehnsüchte gegenüber den Grenzen und Rollen in einer bürgerlichen Welt. Zu letzterer gehört auch die Schriftrolle, die der Architekt mit sich trägt und die ihm schwer wird – gleich einer sozialen »Rolle«, die er ablegen möchte. Als er die Rolle in einem Vorort von Peking zur Aufbewahrung geben will, gelangt er in das Haus eines hohen Beamten. Dort aber werden Kilians Idealvorstellungen Pekings zunehmend in Frage gestellt; ihm wird deutlich, dass das utopische Peking letztlich unerreichbar bleibt. Im letzten Teil kehrt Kilian aus der Welt des Wunsches in die wirkliche Welt zurück. Während sein Vater stirbt, wird er seinerseits Vater, leistet Militärdienst, geht zu Frau und Kind und übernimmt so die Rolle des Bürgers. Frisch widmete das Buch seiner Frau.

Der Text ließ sich als Eskapismusversuch oder aber als Skizze einer politischen Gegenwelt lesen, wie es etwa Peter Bichsel getan hat: »Als wir [...] *Bin* lasen, da war das kein Verdacht, sondern die absolute Gewißheit, daß es hier um Veränderung geht, um Aufbruch. Wir haben das ganz und gar politisch verstanden. Es war unsere Chance. Unsere Chance, von da wegzukommen, wo wir immer noch sind.« (Bichsel, zit. n. Schmitz 1987, S. 96)

Dramen (1944-1953)

Auf Anregung von Kurt Hirschfeld begann Frisch gegen Kriegsende, sich auch der Gattung des Dramas zuzuwenden. Er schrieb eine Reihe von Stücken, mit denen er zunächst an die Thematik der frühen Prosa anschloss, zunehmend aber politische Fragen nach den Voraussetzungen und Folgen des Krieges aufwarf. Das zuerst geschriebene Stück *Santa Cruz* (1946) lag thematisch noch im Umfeld der frühen Prosa. Das zweite, *Nun singen sie wieder* (1945), wies den Weg in zeitgeschichtliche Fragehorizonte. Sie wurden erweitert in *Die Chinesische Mauer* (1946), *Als der Krieg zu Ende war* (1949), *Graf Öderland* (1951) und *Don Juan* (1953) – Stücke, mit denen sich Frisch als Theaterautor des Zürcher Schauspielhauses fest etablierte.

Santa Cruz. Eine Romanze

Entstanden im August/September 1944; Uraufführung am 7. März 1946 im Schauspielhaus Zürich unter der Regie von Heinz Hilpert. Erschienen 1947 im Basler Verlag Benno Schwabe.

In seinem ersten Stück stellt Frisch erneut die Frage, wie sich der Freiheitsdrang des Einzelnen mit dem Eheleben vereinbaren lässt. Schon das Motto der Buchausgabe verweist darauf: »Unser Gegenspieler, das nicht gelebte Ich, als dichterische Gestalt«. Das titelgebende »Cruz« dagegen ist das »Kreuz«, das jeder zu tragen habe: »Es stirbt der ewige Andere in uns«, so Frisch in seinen Erläuterungen zum Stück (GW II, S. 77). Zwischen diesen Polen des Kreuzes und des »ewig Anderen« ist die dramatische Spannung angelegt. Sie ist auf zwei Zeitebenen realisiert: einer gegenwärtigen und einer vergangenen (»vor 17 Jahren«). Im »Vorspiel« erzählt der Vagabund Pelegrin seine Seeräubergeschichten. Seine damalige Braut Elvira ist inzwischen die Gattin des Rittmeisters geworden. Der 1. Akt spielt auf dessen Schloss, wo er nach der kalten Devise »Ordnung muß sein!« regiert. Als er vom Vagabunden hört, weckt dies jedoch

die alte Sehnsucht nach einem freien Leben, wie auch Elvira Pelegrin nicht vergessen hat. Als sie den Vagabunden spontan einladen, erkennt sie ihn und flieht vor der Vergangenheit, der sie entsagt hat, während der Rittmeister und Pelegrin ihre Sehnsüchte austauschen. Der 2. Akt, der auf dem Schiff »Viola« spielt, auf dem Pelegrin und Elvira einst waren, führt in eine Traumwelt. Dabei zeigt sich, dass Elvira ihren Ehemann wiederholt mit einem Traum von Pelegrin betrügt, ihr Bekenntnis zur ehelichen Treue also falsch ist. Im 3. Akt, im Schloss, wird auch der Rittmeister von der Sehnsucht ergriffen und will nochmals das pulsierende Leben fühlen. Im 4. Akt, der wieder 17 Jahre zurückführt, träumt der Rittmeister: Im spanischen Hafen Santa Cruz will Elvira das Leben mit Pelegrin aufgeben; sie erwartet ein Kind und trennt sich von ihm, der die Ehe als »Sarg für die Liebe« verhöhnt. Stattdessen kommen der Rittmeister und Elvira zusammen. Der 5. Akt handelt wieder im Schloss, wo Elvira erwacht, um ihren abwesenden Ehemann fürchtet und die Versuchung durch die Vergangenheit mit Pelegrin verwünscht. Das Stück endet wie *Bin*: Der Rittmeister kehrt zurück, die Ehe trotzt den Freiheitsphantasien.
Das Stück wurde in der Presse hoch gelobt, unter anderem von Eduard Korrodi in der NZZ, der »eines Dichters Werk!« ausrief (9. März 1946). Schon im Juni 1945, vor der Uraufführung, erhielt Frisch dafür den Preis der »Welti-Stiftung für das Drama«.

Nun singen sie wieder. Versuch eines Requiems

Entstanden im Januar 1945; Uraufführung am 29. März 1945 im Schauspielhaus Zürich unter der Regie von Kurt Horwitz, dem das Stück gewidmet ist. Erschienen 1946 im Benno Schwabe Verlag in Basel. Es wurde als erstes von Frischs Stücken auch in Deutschland aufgeführt, zuerst 1946 / 47 an den Münchner Kammerspielen.

Das Stück besteht aus zwei Teilen, von denen der erste (1.-4. Bild) im Diesseits der Lebenden, der zweite (5.-7. Bild) im Jenseits der Toten spielt. Der Soldat Karl kann eine Massenerschießung von Geiseln auf Befehl seines Vorgesetzten, des deutschen Offiziers Herbert, nicht vergessen; der Gesang der Geiseln bei ihrer Exekution verfolgt ihn. Als er auch einen Popen erschießen soll, desertiert er. Das 2. Bild zeigt Karls Familie zu Hause,

wo sein Vater, Herberts ehemaliger Lehrer, nach dem Tod seiner Frau in Bombenangriffen der Alliierten die englischen Flieger als »Satane« beschimpft. Auf der anderen Seite der Front (3. Bild) warten alliierte Flieger auf den Einsatz und diskutieren über die Deutschen und ihre Kultur, die angesichts des Nationalsozialismus nicht mehr als schön gelten könne. Indessen versteckt sich Karl im Haus seiner Familie und wird dort als Deserteur entdeckt; er wirft die Frage nach Verantwortung und Schuld auf, die sein Vater zurückweist. Ein Bombenangriff der Alliierten zwingt die Hausbewohner in den Keller, während Karls Frau Maria mit dem Kind draußen in den Bomben umkommt. Karl setzt seinem Leben ein Ende. Erst jetzt anerkennt der Vater eine Schuld in der Anpassung an das Regime; er wird nach einem Aufbegehren dagegen verhaftet und erschossen. Der zweite Teil des Stücks spielt in der Welt der Toten: Es erscheinen die Geiseln, der Pope, das Kind, Karl und Maria. Im Reich der Toten werden die Unterschiede aufgehoben, Freund und Feind verbunden, Schuld und Unschuld relativiert. Das letzte Bild zeigt die Vergeblichkeit der Bemühungen der Toten, aus dieser Erkenntnis heraus den Lebenden Versöhnung nahezulegen. Sie werden nicht gehört, ihr Tod war vergeblich. Die Unbelehrbarkeit der Lebenden deutet auf eine Wiederkehr des Geschehenen hin.
Das »Requiem« wurde gelobt, weil es Rache wie das Freund-Feind-Schema zurückwies. Punktuell (etwa in der *Weltwoche*, 6. April 1945) wurde dies aber auch als »Standpunktlosigkeit«, schärfer noch: als eine Verdrehung von »Recht in Unrecht« kritisiert (Ernst Bieri in der NZZ vom 23. Mai 1945). Das Stück wurde nach der Aufnahme 1946/47 in den Münchner Kammerspielen insbesondere in Deutschland kontrovers diskutiert; der *Spiegel* vom 11. Januar 1947 überliefert heftige »Meinungsverschiedenheiten«. 1965 wurde das Stück von Fritz Umgelter für das Fernsehen verfilmt.

Die Chinesische Mauer. Eine Farce

Das Stück liegt in vier Fassungen vor: Niederschrift der ersten Fassung von November 1945 bis Mai 1946; Uraufführung am 19. Oktober 1946 im Schauspielhaus Zürich unter Regie von Leonard Steckel.

Die zweite Fassung entstand zwischen Februar und Juli 1955 für die Berliner Festwochen 1955; Uraufführung am 28. Oktober 1955 im Theater am Kurfürstendamm in Berlin; gedruckt als Buch bei Suhrkamp 1955. Die dritte Fassung wurde am Deutschen Schauspielhaus in Hamburg am 26. Februar 1965 uraufgeführt, die vierte am Théâtre National de l'Odéon in Paris am 8. November 1972.

Das Stück verbindet die Epoche des Absolutismus mit dem Zeitalter der Atombombe. Die »Farce«, die Brechts Technik der Verfremdung anwendet und Figuren in Masken berühmter historischer und mythischer Personen sowie einen »Heutigen« auftreten lässt, spielt »heute abend«. Der chinesische Kaiser Tsin Sche Hwang Ti plant den Bau einer großen Mauer, die Ausdruck der Macht wie der Angst vor dem Volk ist, das ihn fürchtet und hasst. Einer jedoch stellt sich ihm entgegen: der »Heutige« namens Min Ko, »Stimme des Volkes« genannt, ein Dichter in Brechts Sinn, der zum Widerstand aufruft. In dem »Stummen« Wang meint der Kaiser irrtümlich ihn entdeckt zu haben, weil er ihm nicht zugejubelt hat. Der echte Min Ko wird jedoch vor dem Kaiser als Hofnarr ausgegeben und soll den Stummen verteidigen. Zugleich warnt er die Machthaber aller Zeiten, von Brutus bis zu Iwan dem Schrecklichen, vor dem Atomkrieg als dem letzten möglichen Krieg. Als Narr wird er jedoch nicht ernst genommen, auch nicht, als er sich zu erkennen gibt. Stattdessen wird er vom Kaiser als Intellektueller vereinnahmt. Die kritische Rede des »Intellektuellen« wird damit ohnmächtig, vom Volk wird er gar als Verräter beschimpft, während der Stumme als Min Ko gefeiert wird – eine Allegorie auch auf die Intellektuellen im Nationalsozialismus. Das Stück endet mit einer Szene, die der ersten gleicht. Dies ist auch das Prinzip des Maskenballs, auf dem sich die Figuren im Kreis drehen »wie Figuren einer Spieluhr« (GW II, S. 215).

> »Heißt dies Geschichte, daß der Unverstand / Unsterblich wiederkehrt und triumphiert?« (Max Frisch, *Die Chinesische Mauer*; GW II, S. 216)

Das Stück wurde in der Presse kontrovers aufgenommen, zum einen wegen der Form (etwa durch Carl Seelig in der *Basler Zeitung*, 12. Oktober 1946), zum anderen aufgrund der kritischen Tendenz; »handfestes altmodisches Theater« wäre etwa Elisabeth Brock-Sulzer (*Schweizerische Monatshefte* 26, 1946/47, S. 509 ff.) lieber gewesen. Der *Spiegel* wiederum feierte nach der deutschen Erstaufführung 1948 in Hamburg »entfesseltes Theater«: »Sein Stück soll eine Art Stop-Zeichen sein. Unsere geistige Situation steht unter Alarm, meint Frisch.« (27. November 1948, S. 22)

Als der Krieg zu Ende war

Das Stück gründet auf einer Geschichte, die Frisch 1947 in Berlin gehört und im Tagebuch notiert hatte (GW II, S. 530 ff.). Als Novelle geplant, arbeitete Frisch den Stoff zu einem Stück aus, das im Juli 1948 vorlag; Uraufführung am 8. Januar 1949 im Schauspielhaus Zürich; Buchausgabe beim Benno Schwabe Verlag in Basel 1949. Bei der Überarbeitung 1962 hat Frisch den 3. Akt gestrichen.

Das Stück thematisiert ein für Frisch grundlegendes Problem: das des Bildnisses. Demnach vermeidet es einzig die Liebe, sich von einem Anderen ein vorgefasstes Bild zu machen. Diese Problematik zeigt das Stück an einem außerordentlichen Beispiel: an der Liebe zwischen einer verheirateten Deutschen und einem russischen Offizier in Berlin am Ende des Zweiten Weltkrieges. Agnes Anders versteckt sich und ihren Mann Horst, einen ehemaligen Offizier der Wehrmacht, vor den in ihrem Haus einquartierten Russen, wird jedoch entdeckt und gezwungen, dem russischen Oberst Stepan Iwanow regelmäßige Besuche abzustatten, wobei sie sich verlieben. Dabei ermöglicht es die Sprachbarriere, dass sich die beiden ohne Bildnis begegnen; Liebe ist demnach nichtsprachlich. Agnes' Mann nimmt dies zunächst in Kauf; als er jedoch beim russischen Oberst vorspricht, empfindet dieser das als Verrat seiner Geliebten und verlässt wortlos das Haus, wobei er den früheren Offizier der Wehrmacht, der am Judenmassaker im Warschauer Ghetto beteiligt war, unbehelligt lässt. Vgl. S. 42 Der von Frisch später gestrichene 3. Akt mündet im Selbstmord von Agnes, die nicht damit leben kann, einen Verbrecher gedeckt zu haben und als Hure zu gelten.

Brecht hatte in einem Brief an Frisch vom Juli 1948 die traditionelle Umsetzung kritisiert und eine »große«, politische, nicht nur andeutungsweise Darstellung der »gesellschaftlichen Maschinerie« gefordert (GW II, S. 766). Ungeachtet dessen konnte das Stück Stereotypen wie den Antikommunismus in Frage stellen. Das Stück wurde kontrovers diskutiert, fand dabei aber positive Rezensionen wie die von François Bondy in *Die Weltwoche* (14. Januar 1949): »Frisch ist vielleicht der einzige Schweizer, der die europäische Katastrophe mit einer so intensiven Resonanz und Aufgebrochenheit spürt.« (JMF, S. 46)

Graf Öderland. Eine Moritat in zwölf Bildern

Ausgehend von zwei Zeitungsnotizen über zwei Ausbrüche aus dem bürgerlichen Leben, formulierte Frisch im *Tagebuch 1946-1949* einen Prosaentwurf unter dem Titel *Der Graf von Öderland*. 1949 / 50 erfolgte die Umsetzung in ein Drama; Uraufführung am 10. Februar 1951 am Schauspielhaus Zürich unter der Regie von Leonard Steckel; Buchausgabe 1951 bei Suhrkamp. Für spätere Aufführungen 1956 in Frankfurt am Main und 1961 in Berlin schrieb Frisch Neufassungen.

Erzählt wird die Geschichte eines Staatsanwalts, Inbegriff des Wächters von Bürgermoral, der aus seinem geregelten Leben ausbricht. Dabei ist er inspiriert durch den motivlosen Mord eines Bankangestellten und zugleich durch die Legende vom »Graf[en] Öderland [...] mit der Axt in der Hand«, der durch die Welt zieht »und jedermann fällt, der uns die Wege verstellt« (GW II, S. 420 f.). Auf einer abstrakten Ebene entspricht dies dem Konflikt zwischen Leben und Freiheit auf der einen und bürgerlicher Moralkultur auf der anderen Seite. Das war ein Vorbehalt gegen »Ordnung« überhaupt, genauer »gegen das Seelenwidrige der immer umfassenderen Organisation, gegen den kindischen Versuch, der menschlichen Seele beikommen zu wollen durch polizeiliche und staatliche und andere Maßnahmen«, so Frisch im Juli 1949 an Kurt Horwitz (JS, S. 89). Der Ausbruch des Staatsanwalts findet

Regiearbeit vor der Uraufführung von *Graf Öderland*, Schauspielhaus Zürich, 1951

Nachfolger, er selber wird als Öderland Rebellenführer. Das letzte Bild zeigt den Staatsanwalt wieder im Arbeitszimmer seiner Villa. Er hält das Geschehen für einen Traum, doch dagegen sprechen die Stiefel an seinen Füßen und ein Sträfling mit Maschinenpistole, der als Wache dient. Der Staatspräsident erscheint und übergibt ihm die Macht. Anstelle der Freiheit wird Öderland so wider Willen die Rolle des Machthabers zugesprochen. Der Staatspräsident fasst diese Aporie treffend zusammen: »Wer, um frei zu sein, die Macht stürzt, übernimmt das Gegenteil der Freiheit, die Macht [...].« (GW III, S. 89)
Die Uraufführung im Februar 1951 in Zürich stieß auf breite Kritik. »Es war mein erster Mißerfolg auf der Bühne.« (GW III, S. 90) Nihilismus und nietzscheanische Moralkritik sah man im Rebellen. »Gegen jede Ordnung in der Gesellschaft aber zu rebellieren, das Recht der schrankenlosen Persönlichkeit zu proklamieren, wie Graf Öderland es tut, ist Wahnwitz«, so zum Beispiel die Zürcher sozialdemokratische Tageszeitung *Volksrecht* (23. Februar 1951). Auf die bald folgende Absetzung des Stücks antwortete Frisch verbittert und vermutete Gegenwind aus »gewissen Kreisen« in Zürich, wie er in einem »Memorandum zu Graf Öderland« zu Händen des Schauspielhauses erklärte (JS, S. 101). Frisch ließ sich dennoch nicht vom Stoff abbringen: 1956 und 1961 kamen zwei überarbeitete Versionen in Frankfurt am Main und Berlin auf die Bühne.

Don Juan oder Die Liebe zur Geometrie. Komödie in fünf Akten

Frisch hatte, entgegen seiner Behauptung, einschlägige Stücke zum bekannten Stoff besucht, darunter Christian Dietrich Grabbes *Don Juan und Faust* (1936 / 37). Uraufführung am 5. Mai 1953 am Schauspielhaus Zürich unter der Regie von Oskar Wälterlin sowie gleichzeitig am Schiller Theater in Berlin; Buchausgabe 1953 im Suhrkamp Verlag. Im Herbst 1961 überarbeitete Frisch das Stück.

Wie in *Graf Öderland* thematisiert das Stück den Widerstand des Einzelnen gegen die ihm von der Gesellschaft zugeschriebene Rolle. Bereits im Grundkonzept des Stücks wird dies deutlich: Frischs Don Juan wird vom Stereotyp des erfolgreichen Verführers befreit, seine eigentliche Liebe gilt der Geometrie. Vor der Ehe mit Donna Anna flieht er, dennoch wird er wider

Willen zum Frauenhelden. Schließlich gelingt es ihm, seiner Umgebung seine Höllenfahrt vorzuspielen und so der verhassten Rolle zu entkommen, um sich in einem Kloster ganz der Geometrie zu widmen. Er heiratet dann allerdings eine reiche Verehrerin und ehemalige Prostituierte, die ihn zum Familienvater macht. Die wahre Hölle der Unfreiheit scheint hier die Ehe zu sein.

Die Komödie, die im Vergleich zu den vorangegangenen Stücken politikfern angelegt ist, wurde kontrovers aufgenommen. Zustimmung stand neben heftiger, moralisch begründeter Kritik. Widerstreitende Stimmen versammelte etwa Felix Stössinger in *Die Tat* (18. Mai 1953); sie reichen vom Lob über die »witzige und geistvolle« Art, wie Frisch »in den Ameisenhaufen von Ehe- und Liebesproblemen hineingestochen« habe, bis zum Entsetzen über den »Ausverkauf aller höheren Werte«.

Tagebücher

Umschlag von *Blätter aus dem Brotsack*, 1940

Zu der für ihn zentralen Form des Tagebuchs fand Frisch während des Zweiten Weltkrieges. Sie galt ihm nicht bloß als subjektiv, sondern auch als Mittel zur zeithistorischen Beobachtung sowie des literarischen Experiments. Den Anfang des literarisch-öffentlichen Tagebuchs machte 1935 das Feuilleton *Tagebuch eines Soldaten*, fortgesetzt in den *Blättern aus dem Brotsack* (1940), über Frischs Militärdienst als Kanonier im Krieg. Nach dem Krieg setzte Frisch die literarische Tagebuchform vielfach ein, zunächst im *Tagebuch mit Marion* (1947), sodann im *Tagebuch 1946-1949* (1950), dem »ersten Tagebuch«, seinem eigentlichen Durchbruch als Prosaschriftsteller. 1972 folgte eine Fortsetzung im *Tagebuch 1966-1971*, das ebenfalls literarische, politische und persönliche Elemente verbindet. Entwürfe zu einem »dritten Tagebuch« aus den Jahren 1982/83, die von Frisch nicht zum Druck vorgesehen waren, wurden 2010 veröffentlicht.

Tagebuch 1946-1949

Aufzeichnungen zum »ersten Tagebuch« aus den Jahren 1946/47 waren zuerst 1947 unter dem Titel *Tagebuch mit Marion* im Zürcher Atlantis Verlag gedruckt worden (gewidmet seiner Frau »Constanze«). Sie wurden dann in das *Tagebuch 1946-1949* gemeinsam mit anderen verstreut publizierten Texten aufgenommen und 1950 als zweite Publikation des Suhrkamp Verlags gedruckt.

Das *Tagebuch 1946-1949* zeichnet sich durch eine collagenartige Nebeneinanderstellung von historischen Quellen und Beobachtungen, persönlichen Erfahrungen, poetologischer Reflexion und erzählerischer oder dramatischer Fiktion aus. Der äußere Anlass waren Frischs Reisen durch Europa nach dem Krieg, die ihn mehrfach nach Deutschland sowie nach Frankreich, Italien, Österreich, Polen und in die Tschechoslowakei führten. Die zugehörigen Reisebeobachtungen umfassen einen ersten Strang des Tagebuchs. Ein zweiter ergibt sich aus den Einträgen zu Zürich und seiner Tätigkeit als Architekt, unter anderem zum Bau des Schwimmbads Letzigraben. Einen dritten Strang bilden politische Reflexionen über das Tagesgeschehen sowie poetologische Reflexionen über Literatur und Theater. Ein vierter Strang besteht aus literarischen Skizzen und Entwürfen, die er später vielfach ausgebaut hat. Tatsächlich beruhen einige von Frischs Werken auf Entwürfen im ersten Tagebuch, darunter *Graf Öderland*, *Biedermann und die Brandstifter*, *Als der Krieg zu Ende war*, *Andorra*, *Nun singen sie wieder* ebenso wie *Homo faber* und *Mein Name sei Gantenbein*. Nicht zuletzt dies macht das *Tagebuch 1946-1949* zu einem eminent wichtigen Text in Frischs Schaffensprozess. Das gilt auch für die Form: das Verfahren der Montage.

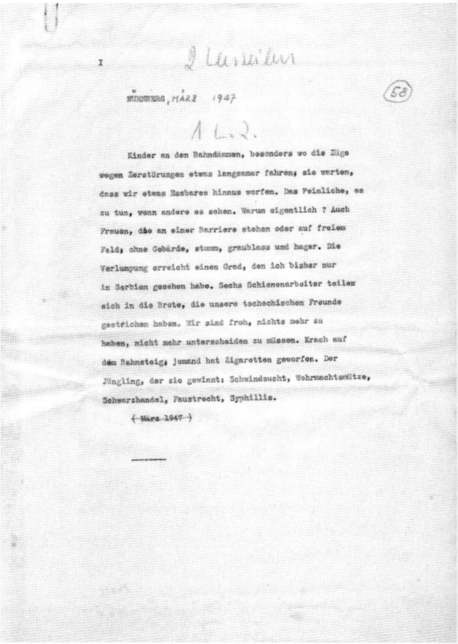

I

58

NÜRNBERG, MÄRZ 1947

Kinder an den Bahndämmen, besonders wo die Züge wegen Zerstörungen etwas langsamer fahren; sie warten, dass wir etwas Essbares hinaus werfen. Das Peinliche, es zu tun, wenn andere es sehen. Warum eigentlich ? Auch Frauen, die an einer Barriere stehen oder auf freiem Feld; ohne Gebärde, stumm, graublass und hager. Die Verlumpung erreicht einen Grad, den ich bisher nur in Serbien gesehen habe. Sechs Schienenarbeiter teilen sich in die Brote, die unsere tschechischen Freunde gestrichen haben. Wir sind froh, nichts mehr zu haben, nicht mehr unterscheiden zu müssen. Krach auf dem Bahnsteig; jemand hat Zigaretten geworfen. Der Jüngling, der sie gewinnt: Schwindsucht, Wehrmachtsmütze, Schwarzhandel, Faustrecht, Syphilis.

~~(März 1947)~~

Typoskriptseite aus dem *Tagebuch 1946-1949*, 1950

Es war ein grundlegendes Verfahren, mit dem Frisch auch in den Romanen und Erzählungen arbeiten sollte.
So hoch das *Tagebuch 1946-1949* auch unter Autorenkollegen geachtet wurde – Peter Härtling etwa lobte es als »das wesentliche, nicht auszulesende Buch Max Frischs« (FMF, S. 56), und so wichtig es im Nachhinein erscheint, so war es dennoch kein sofortiger Erfolg. Nur langsam setzte es sich durch, wesentlich erst mit der zweiten Auflage im Jahr 1958 (6.-35. Tausend).

Tagebuch 1966-1971

Der Plan zu einem zweiten Tagebuch entstand 1965, die erste Buchausgabe erschien im Frühling 1972 im Suhrkamp Verlag. Es liegt in zwei Fassungen vor.

Das zweite Tagebuch nimmt die inhaltliche Ausrichtung wie auch die Collagenform des ersten auf. Collagiert werden Texte aus den Bereichen des Öffentlich-Politischen, des Persönlichen und des Fiktiven. Dieses montierte Nebeneinander unterschiedlicher Textbausteine wird im »zweiten Tagebuch« auch durch Schrifttypen graphisch hervorgehoben: Persönliche Erfahrungen sind meist in Schreibmaschinenschrift gehalten. Fakten und Kommentare zum Tagesgeschehen – etwa zur politisch unruhigen Zeit um 1968, zum Vietnamkrieg etc. – sind durch die Schriftart »Grotesk« gekennzeichnet, wobei zusätzlich Dokumente wie Zeitungsartikel in den Text einmontiert sind. Kursiv gedruckt sind Auszüge aus einem Handbuch für die »Vereinigung Freitod«, die in satirischer Form eine Lösung für das Altern vorschlagen: die »rechtzeitige Selbsttötung«. Neben dem »Handbuch« gehört auch der »Fragebogen« zu den eigenen, scheinbar sachlichen Textsorten des zweiten Tagebuchs. Darüber hinaus finden sich hier auch Reiseberichte, vor allem aus der Sowjetunion, Japan und den USA. Schließlich enthält auch das zweite Tagebuch literarische Entwürfe, die Frisch später ausarbeitete.
Was heute als grundlegender Text der Nachkriegsliteratur gilt, war den Zeitgenossen nicht nur »Pflichtlektüre« (so in der *Süddeutschen Zeitung* vom 20. April 1972) oder gar »atemlose Lektüre« (so Friederike Mayröcker, FMF, S. 142), sondern wurde teils auch kritisiert, etwa im *Deutschen Allgemeinen Sonntags-*

blatt als »einen großen Kramladen, ein Warenhaus, worin neben billigen Artikeln auch solche von Klasse zu finden sind« (23. April 1972).

Entwürfe zu einem dritten Tagebuch

Entstanden von Februar 1982 bis April 1983 in den USA. Textgrundlage ist das Typoskript von Frischs Sekretärin Rosemarie Primault, die es nach Frischs Diktat tippte. Es trägt den Titel *Tagebuch 3 Ab Frühjahr 1982* und ist Alice Locke-Carey gewidmet. Die Publikation des Typoskripts 2010 im Suhrkamp Verlag verantwortete die Max Frisch-Stiftung.

Die Entwürfe zu einem »dritten Tagebuch« werfen, drängender noch als das zweite, die Fragen von Alter, Tod, Sterben auf. Beschäftigt hat Frisch besonders der Tod des Freundes Peter Noll, des Zürcher Professors für Strafrecht, der am 9. Oktober 1982 nach langer Krankheit, durch die ihn Frisch begleitete, starb. Weitere Themen des Tagebuchs sind die Liebe – in Form der Beziehung eines älteren Mannes zu einer jüngeren Frau, wie sie Frisch mit Alice Locke-Carey führte und mit deren Ende die Tagebuchaufzeichnungen abbrechen – sowie die Weltpolitik (USA, Israel, die Furcht vor einem möglichen Atomkrieg).

> »Ich bin nicht krank oder ich weiß es nicht. Was ist bloß mit den Wörtern los? Ich schüttle Sätze, wie man eine kaputte Uhr schüttelt, und nehme sie auseinander; darüber vergeht die Zeit, die sie nicht anzeigt.« (Max Frisch, *Entwürfe zu einem dritten Tagebuch;* EDT, S. 29)

Die Kontroverse im Anschluss an die Publikation betraf vor allem die Zulässigkeit der Veröffentlichung, wobei sich die Gegner (darunter Peter Bichsel und Adolf Muschg, vgl. *Tagesanzeiger*, 19. März 2010; *Die Zeit*, 8. April 2010) darauf beriefen, dass Frisch das Tagebuch nicht zur Publikation vorgesehen hatte – sein entsprechendes Manuskript hatte er vernichtet.

Romane (1954-1964)

Zu Beginn der fünfziger Jahre war Frisch als Theaterautor etabliert. Die Romane der frühen Zeit jedoch waren in weite Ferne gerückt, auch für Frisch. In seinem Amerikajahr 1951/52 machte er sich an einen Roman, der die Basis für seinen Erfolg auch als Romanautor legte: *Stiller* (1954), gefolgt von zwei weiteren Romanen: *Homo faber* (1957) und *Mein Name sei Gantenbein* (1964). Diese drei Werke zeigen Frisch auf der Höhe einer innovativen Erzählkunst. Verbunden sind sie zudem in der Frage der existentiellen wie sozialen Konstruktion von Identität.

Stiller

1951/52 arbeitete Frisch in den USA an einem zuvor schon begonnenen Roman mit dem Arbeitstitel »Was macht ihr mit der Liebe«. Erst 1953 setzte er das liegengebliebene Vorhaben fort. Eine zentrale Geschichte des Romans, das Märchen von Rip van Winkle, bearbeitete Frisch im Februar/März 1953 als Hörspiel für den Bayerischen Rundfunk. Im Frühjahr 1954 stellte er das Romanmanuskript fertig. Das Buch erschien im selben Jahr im Suhrkamp Verlag, nachdem Frisch erst in den Druckfahnen den berühmten Anfangssatz »Ich bin nicht Stiller!« eingefügt hatte.

> »Ich bin nicht Stiller! – Tag für Tag, seit meiner Einlieferung in dieses Gefängnis [...] sage ich es, schwöre ich es und fordere Whisky, ansonst ich jede weitere Aussage verweigere. Denn ohne Whisky, ich hab's ja erfahren, bin ich nicht ich selbst, sondern neige dazu, allen möglichen guten Einflüssen zu erliegen und eine Rolle zu spielen, die ihnen so passen möchte, aber nichts mit mir zu tun hat, und da es jetzt in meiner unsinnigen Lage (sie halten mich für einen verschollenen Bürger ihres Städtchens!) einzig und allein darum geht, mich nicht beschwatzen zu lassen und auf der Hut zu sein gegenüber allen ihren freundlichen Versuchen, mich in eine fremde Haut zu stecken, unbestechlich zu sein bis zur Grobheit, ich sage: da es jetzt einzig und allein darum geht, niemand anders zu sein als der Mensch, der ich in Wahrheit leider bin [...].« (Max Frisch, *Stiller*; GW III, S. 361)

Der Roman gilt als Frischs weitreichendste Thematisierung der Problematik von Identitätskonstruktion und Bildzuschreibung. An der Schweizer Grenze wird ein Mann bei seiner Einreise festgenommen. Er gibt an, Amerikaner zu sein, aus Mexiko zu kommen und Mr. White zu heißen. Die Grenzbeamten dagegen konfrontieren ihn mit der Behauptung, er sei der Bildhauer Anatol Ludwig Stiller, der vor sieben Jahren verschwand. White bestreitet dies vehement, wobei unklar bleibt, weshalb nach ihm gefahndet wurde, obwohl ihn seine Weigerung wie auch seine Schweizkritik verdächtig machen und die Rede davon ist, dass er in Spionage verwickelt sei. In Untersuchungshaft soll er »die Wahrheit meines Lebens, nichts als die schlichte und pure Wahrheit« (GW III, S. 371) erzählen und so verfasst er in der Folge, zunächst widerwillig, in sieben Heften eine Art Tagebuch. Dabei fordert er das Recht, »ein anderes als das Leben ihres verschollenen Herrn Stiller« (GW III, S. 362) zu leben, vielmehr derjenige zu sein, als den er sich selbst sieht. Trotz Stillers Erfindungen, Anekdoten und Märchen wird seine Lebensgeschichte zunehmend erkennbar: Präsentiert wird ein Mann, der nicht er selbst sein will, was der im Motto zitierte Søren Kierkegaard – ein philosophischer Stichwortgeber für Frischs Romankonzept – als »Verzweiflung«, als »Krankheit zum Tode« charakterisierte. Ausgangslage dafür ist auch Stillers vielfältiges Scheitern, als Bildhauer in der Schweiz, als Soldat in der Fremdenlegion und im Spanischen Bürgerkrieg sowie auch in seiner Ehe mit Julika, einer Balletttänzerin, die an Tuberkulose erkrankt ist. Stiller floh vor diesem Scheitern durch eine Affäre – ausgerechnet mit der Frau seines jetzigen Staatsanwalts – sowie durch eine Reise nach Amerika, wo er sich einen Neuanfang erhoffte, jedoch erfolglos. Immer deutlicher wird ihm: »das Versagen in unserem Leben läßt sich nicht begraben, und solange ich's versuche, komme ich aus dem Versagen nicht heraus, es gibt keine Flucht« (GW III, S. 589). Das literarische Muster scheint damit das von Flucht und Rück-

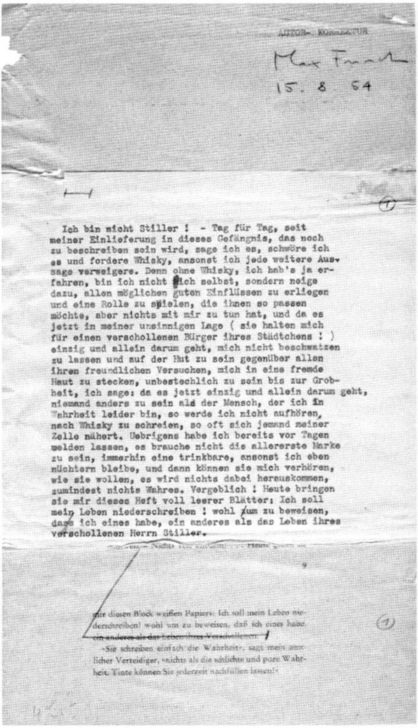
AUTOR- KORREKTUR
Max Frisch
15. 8. 54

Ich bin nicht Stiller ! - Tag für Tag, seit meiner Einlieferung in dieses Gefängnis, das noch zu beschreiben sein wird, sage ich es, schwöre ich es und fordere Whisky, ansonst ich jede weitere Aussage verweigere. Denn ohne Whisky, ich hab's ja erfahren, bin ich nicht ich selbst, sondern neige dazu, allen möglichen guten Einflüssen zu erliegen und eine Rolle zu spielen, die ihnen so passen möchte, aber nichts mit mir zu tun hat, und da es jetzt in meiner unsinnigen Lage (sie halten mich für einen verschollenen Bürger ihres Städtchens !) einzig und allein darum geht, mich nicht beschwatzen zu lassen und auf der Hut zu sein gegenüber allen ihren freundlichen Versuchen, mich in eine fremde Haut zu stecken, unbestechlich zu sein bis zur Grobheit, ich sage: da es jetzt einzig und allein darum geht, niemand anders zu sein als der Mensch, der ich in Wahrheit leider bin, so werde ich nicht aufhören, nach Whisky zu schreien, so oft sich jemand meiner Zelle nähert. Uebrigens habe ich bereits vor Tagen melden lassen, es brauche nicht die allererste Marke zu sein, immerhin eine trinkbare, ansonst ich eben nüchtern bleibe, und dann können sie mich verhören, wie sie wollen, es wird nichts dabei herauskommen, zumindest nichts Wahres. Vergeblich ! Heute bringen sie mir dieses Heft voll leerer Blätter: Ich soll mein Leben niederschreiben ! wohl zum zu beweisen, dass ich eines habe, ein anderes als das Leben ihres verschollenen Herrn Stiller.

9

mir diesen Block weißen Papiers: Ich soll mein Leben niederschreiben! wohl um zu beweisen, daß ich eines habe, ein anderes als das Leben ihres Verschollenen.

»Sie schreiben einfach die Wahrheit«, sagt mein amtlicher Verteidiger, »nichts als die schlichte und pure Wahrheit. Tinte können Sie jederzeit nachfüllen lassen!«

Manuskriptanfang des Romans *Stiller*, 1954

kehr eines Ichs zu sich selbst zu sein. Allerdings gibt es die alteuropäische Institution des Ichs, den »festen Punkt« (GW III, S. 590), nicht mehr. Als Fixpunkt erweist sich vielmehr die äußere Zuschreibung von Identität. Der Prozess gegen Stiller endet insofern mit einem Freispruch, doch das Alibi, das ihn entlastet, kann er nur erbringen, »nachdem er endlich darauf verzichtet hatte, die ihm zugeschriebene Identität zu bestreiten« (GW III, S. 730). White / Stiller wird dazu verurteilt, Stiller zu sein. Der zweite Teil des Romans besteht aus einem Bericht über Stillers weiteres Leben aus der Ich-Perspektive des Staatsanwalts. Nach dem Freispruch zieht Stiller nach Glion an den Genfersee mit seiner inzwischen todkranken Frau Julika, die nach einer Operation stirbt. Stiller lebt einsam in Glion.

Der Roman zeichnet sich auch formal als ein Experiment mit neuen Möglichkeiten des Erzählens aus, etwa durch die Vervielfachung der Erzählperspektive: Es erzählen Stiller (in einer gespaltenen Perspektive zwischen dem Subjekt, das als Ich behauptet, nicht Stiller zu sein, und Stiller als Objekt, der in der Er-Perspektive beschrieben wird), der Staatsanwalt (der in der Ich-Perspektive schreibt) sowie weitere Figuren wie Julika, die Stiller seine Identität zuschreiben. Formal charakteristisch ist auch die Analogie der Haupterzählung zu einer Reihe von gleichnishaften Binnengeschichten: derjenigen von Isidor, dem Apotheker, Rip van Winkle und James Larkin White, sowie die intertextuellen Bezüge, die einer Poetologie des Plagiats folgen, wonach Identität auch auf Textebene nicht mehr gegeben ist.

Der zeitgenössischen Kritik war die Bedeutung des Werks nicht gleichermaßen klar, kritische Positionen etwa zur Schweiz provozierten (vgl. Emil Staiger in der NZZ, 17. November 1954). Dennoch wurde auch sein Potential zum kanonischen Roman hervorgehoben, in *Die Welt* (18. Dezember 1954) etwa mit dem Anschluss an die klassische Moderne: »Endlich wieder ein großer Roman in deutscher Sprache. Wo man von den Errungenschaften der modernen Erzählkunst spricht, wird man außer Proust und Joyce, außer Mann und Musil auch den ›Stiller‹ nennen müssen.«

Homo faber. Ein Bericht

Entstanden ab 1955 in mehreren Arbeitsphasen und an verschiedenen Arbeitsorten, die in den Text eingeflossen sind, darunter Italien, Mexiko, Kuba und Griechenland 1956 / 57. Eine erste Fassung gelangte zwischen Juni 1956 und Februar 1957 zum Abschluss, die zweite im Sommer 1957. Nach Vorabdrucken unter anderem in der NZZ erschien der Roman Ende September 1957 im Suhrkamp Verlag.

Der Roman entfaltet die Spannung von modernem technischen Weltverständnis und der Irrationalität und Kontingenz von Leben und Natur. Der Ingenieur Walter Faber verkörpert den Typus des modernen Europäers, der allein auf Rationalität und Kalkulierbarkeit vertraut. Gerade er wird jedoch mit einer Reihe von Zufällen konfrontiert, die sich schicksalhaft auf seine ganze Existenz auswirken.

»Ich glaube nicht an Fügung und Schicksal, als Techniker bin ich gewohnt mit den Formeln der Wahrscheinlichkeit zu rechnen. Wieso Fügung? Ich gebe zu: Ohne die Notlandung in Tamaulipas (2.IV.) wäre alles anders gekommen [...]: Es war mehr als ein Zufall, daß alles so gekommen ist, es war eine ganze Kette von Zufällen. Aber wieso Fügung? Ich brauche, um das Unwahrscheinliche als Erfahrungstatsache gelten zu lassen, keinerlei Mystik; Mathematik genügt mir.« (Max Frisch, *Homo faber*; GW IV, S. 22)

Diese Entwicklung nimmt auf der Ebene des Erzählens ihren Lauf mit der Notlandung seines Flugzeugs, omenhaft einer »Super-Constellation«, auf dem Weg von New York nach Caracas, wo Faber die Montage von Turbinen leiten soll. Eine Verkettung von Zufällen lässt auch im Weiteren alles anders kommen als geplant, sodass Faber nach Umwegen durch den Urwald unverrichteter Dinge nach New York zurückkehrt. Dort trennt er sich von seiner Freundin Ivy, um spontan eine zweite Reise anzutreten: mit dem Schiff nach Paris. Unterwegs trifft er zufällig Sabeth, die Tochter seiner Jugendfreundin Hanna – nun ein verhängnisvoller Zufall, ignoriert Faber doch, dass Sabeth seine eigene Tochter ist. Diese früheren Zusammenhänge erklären sich aus den Aufzeichnungen, die er auf einem Flug nach Caracas und später vor seiner Operation in einem Athener

Krankenhaus niederschreibt. Demnach war er in den 1930er Jahren Assistent an der Technischen Hochschule in Zürich und liebte eine »Halbjüdin«, die Münchner Kunststudentin Hanna Landsberg. Als die Lage in Deutschland für sie bedrohlich wurde, beschloss er, die inzwischen schwangere Freundin zu heiraten. Gleichzeitig nahm er eine Stelle in Bagdad an. Verletzt lehnte Hanna den Heiratsantrag ab, und beide entschieden

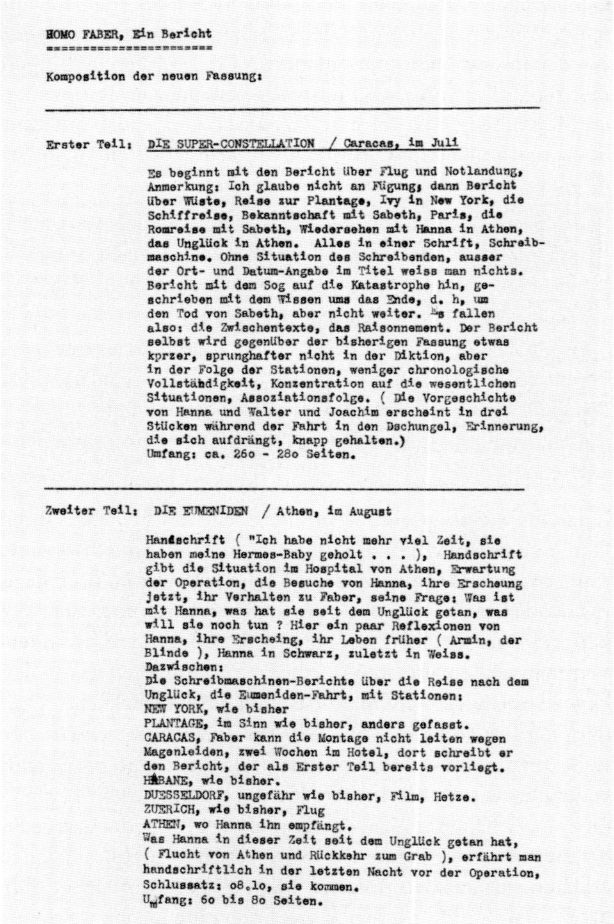

HOMO FABER, Ein Bericht
======================

Komposition der neuen Fassung:

Erster Teil: DIE SUPER-CONSTELLATION / Caracas, im Juli

Es beginnt mit den Bericht über Flug und Notlandung, Anmerkung: Ich glaube nicht an Fügung, dann Bericht über Wüste, Reise zur Plantage, Ivy in New York, die Schiffreise, Bekanntschaft mit Sabeth, Paris, die Romreise mit Sabeth, Wiedersehen mit Hanna in Athen, das Unglück in Athen. Alles in einer Schrift, Schreibmaschine. Ohne Situation des Schreibenden, ausser der Ort- und Datum-Angabe im Titel weiss man nichts. Bericht mit dem Sog auf die Katastrophe hin, geschrieben mit dem Wissen ums das Ende, d. h, um den Tod von Sabeth, aber nicht weiter. Es fallen also: die Zwischentexte, das Raisonnement. Der Bericht selbst wird gegenüber der bisherigen Fassung etwas kprzer, sprunghafter nicht in der Diktion, aber in der Folge der Stationen, weniger chronologische Vollstähdigkeit, Konzentration auf die wesentlichen Situationen, Assoziationsfolge. (Die Vorgeschichte von Hanna und Walter und Joachim erscheint in drei Stücken während der Fahrt in den Dschungel, Erinnerung, die sich aufdrängt, knapp gehalten.)
Umfang: ca. 26o - 28o Seiten.

Zweiter Teil: DIE EUMENIDEN / Athen, im August

Handschrift ("Ich habe nicht mehr viel Zeit, sie haben meine Hermes-Baby geholt . . .), Handschrift gibt die Situation im Hospital von Athen, Erwartung der Operation, die Besuche von Hanna, ihre Erscheung jetzt, ihr Verhalten zu Faber, seine Frage: Was ist mit Hanna, was hat sie seit dem Unglück getan, was will sie noch tun ? Hier ein paar Reflexionen von Hanna, ihre Erscheing, ihr Leben früher (Armin, der Blinde), Hanna in Schwarz, zuletzt in Weiss.
Dazwischen:
Die Schreibmaschinen-Berichte über die Reise nach dem Unglück, die Eumeniden-Fahrt, mit Stationen:
NEW YORK, wie bisher
PLANTAGE, im Sinn wie bisher, anders gefasst.
CARACAS, Faber kann die Montage nicht leiten wegen Magenleiden, zwei Wochen im Hotel, dort schreibt er den Bericht, der als Erster Teil bereits vorliegt.
HABANE, wie bisher.
DUESSELDORF, ungefähr wie bisher, Film, Hetze.
ZUERICH, wie bisher, Flug
ATHEN, wo Hanna ihn empfängt.
Was Hanna in dieser Zeit seit dem Unglück getan hat, (Flucht von Athen und Rückkehr zum Grab), erfährt man handschriftlich in der letzten Nacht vor der Operation, Schlussatz: o8.1o, sie kommen.
Umfang: 6o bis 8o Seiten.

Manuskriptseite zu *Homo faber* (Komposition der neuen Fassung), 1956

sich zur Abtreibung des Kindes. Nach 20 Jahren hört Faber, dass Hanna als Archäologin in Athen arbeitet und eine Tochter hat – ebenjene Sabeth, der er auf dem Schiff begegnet und die er daraufhin spontan nach Griechenland begleitet, wobei es zum Inzest kommt. Wenig später verunglückt Sabeth und stirbt, woran Faber wiederum mitschuldig ist. Ihm wird deutlich, dass er das Leben Hannas, seiner Tochter wie auch sein eigenes unwissentlich in die Katastrophe geführt hat. Bevor er an Magenkrebs stirbt, erkennt er, der alles Unberechenbare als Zufall eingestuft hatte, dass er gleich einem modernen Ödipus schicksalhaft schuldig geworden ist.
Homo faber wurde sofort ein Bestseller und blieb es anhaltend; über hundert Rezensionen erschienen im deutschsprachigen Europa, meist mit dem Superlativ des Meisterwerks (Viehoff 1983, S. 271). Einige waren aber auch kritisch, etwa gegenüber den moralischen Implikationen. Walter Jens stufte den *Faber* im Vergleich zum *Stiller* als bloße »Arabeske« (*Die Zeit* vom 9. Januar 1958) ein.

Mein Name sei Gantenbein

Beginn der Arbeit 1960, auch anlässlich eines harmlosen Autounfalls auf Glatteis (*Ich schreibe für Leser*; GW V, S. 324). Die erste Fassung des Manuskripts, abgeschlossen im Mai 1963, hatte den Titel »Lila oder Ich bin blind«. Bei der nachfolgenden Überarbeitung strich Frisch das Kapitel »Oper ohne Sänger« (gilt als verloren). Erschienen im Herbst 1964 im Suhrkamp Verlag.

Nach dem Scheitern seiner Ehe fragt sich der Ich-Erzähler: »Was ist wirklich geschehen?« Antwort auf diese Frage sucht er allerdings nicht in der Aufarbeitung der Ehe, sondern in deren Spiegelung in erfundenen Geschichten: »Ein Mann hat eine Erfahrung gemacht, jetzt sucht er die Geschichte dazu [...].« (GW V, S. 11) Folgerichtig besteht der Roman in einer Abfolge von Geschichten, die als Varianten zu der Erfahrung jenes Ichs gedacht sind. Der Erzähler findet dafür die Formel: »Ich probiere Geschichten an wie Kleider.« (GW V, S. 22) Dazu gehört die Erfindung der Figur Theo Gantenbeins selbst, der nach einem Unfall bewusst die Rolle des Blinden mit Stock und Brille spielt.

»Ich stelle mir vor: Sein Leben fortan, indem er den Blinden spielt auch unter vier Augen, sein Umgang mit Menschen, die nicht wissen, daß er sie sieht, seine gesellschaftlichen Möglichkeiten, seine beruflichen Möglichkeiten dadurch, daß er nie sagt, was er sieht, ein Leben als Spiel, seine Freiheit kraft eines Geheimnisses usw. Sein Name sei Gantenbein.« (Max Frisch, *Mein Name sei Gantenbein*; GW V, S. 21)

Zu den Erfindungen des Erzählers gehören sodann Svoboda, der an seiner Frau Lila die Erfahrung der Eifersucht durchspielt, und Enderlin, an dem das Altern erprobt wird. Diese Männerfiguren werden kombiniert mit dem Typus des trügerischen Weiblichen, das in der Schauspielerin Lila verkörpert ist, auf die die drei männlichen Figuren bezogen sind. Das Schauspiel, das Verkleiden, das Lügen, aber auch das Vorstellen, das Erfinden von Geschichten sind im *Gantenbein* zu elementaren Strategien des menschlichen Lebens erhoben.
Der *Gantenbein*-Roman, der etwas weniger erfolgreich als die vorangehenden Romane war, erhielt kritische wie lobende Resonanz. Die Kritik galt namentlich der Form der Montage einer Vielzahl von Geschichten (etwa Helmut Heißenbüttel am 3. September 1964 in *Die Welt* oder Hans Mayer am 18. September 1964 in *Die Zeit*). Die Kritik von Hans Mayer fand einen prominenten Gegenpart: Marcel Reich-Ranicki schrieb zwei Wochen später ein *Plädoyer für Max Frisch* (*Die Zeit* vom 2. Oktober 1964), in dem er den *Gantenbein* verteidigte. Frisch setzte die Gantenbein-Thematik wiederholt fort, so im Filmprojekt *Zürich-Transit* (1965/66), das auf einer Episode aus dem Roman beruht. Das Filmskript erzählt die Geschichte eines nach einem Unfall tot geglaubten Ingenieurs. Eine zweite Variation der Gantenbein-Thematik legte Frisch im Stück *Biografie: Ein Spiel* (1968) vor, in dem ebenfalls ein Protagonist eine zweite Chance seines Lebens durchspielt.

Dramen (1958-1968)

Als Dramatiker hatte sich Frisch zwischen 1945 und 1953 am Züricher Schauspielhaus wie auch auf einigen deutschen Bühnen gut etabliert. Ganz risikolos war es für ein Haus dennoch nicht, ein Frisch-Stück auf die Bühne zu bringen, wie der Misserfolg von *Graf Öderland* zeigt. Dieses Risiko war für das Schauspielhaus nach den Romanen *Stiller* und *Homo faber* dennoch gering, als der Regisseur Kurt Hirschfeld Frisch 1958 dazu anregte, es nach fünfjähriger Pause wieder mit einem Drama zu versuchen. Schon nach kurzer Zeit folgte *Biedermann und die Brandstifter* (1958), drei Jahre später *Andorra*. Vor allem mit diesen beiden Dramen kehrte Frisch zu einem gesellschaftlich engagierten Schreiben zurück.

Biedermann und die Brandstifter. Ein Lehrstück ohne Lehre

Die Fabel findet sich im *Tagebuch 1946-1949*. Von Juli bis November 1952 entstand eine Hörspielfassung für den Bayerischen Rundfunk; Erstsendung als *Herr Biedermann und die Brandstifter* am 26. März 1953. Das Stück *Biedermann und die Brandstifter* entstand 1957; die Uraufführung am Zürcher Schauspielhaus unter der Regie von Oskar Wälterlin erfolgte zusammen mit dem Einakter *Die große Wut des Philipp Hotz* am 29. März 1958. Als Buch 1958 bei Suhrkamp erschienen. Für die deutsche Erstaufführung in Frankfurt am Main am 28. Mai 1959 schrieb Frisch ein »Nachspiel«.

Der Haarwasserfabrikant Biedermann wird vom Besuch eines Obdachlosen überrascht, nachdem er in der Zeitung über Fälle von Brandstiftern gelesen hatte, die sich als Hausierer ausgeben. Dem Obdachlosen, einem ehemaligen Ringer namens Schmitz, gelingt es, den anfänglich misstrauischen Biedermann zu überreden, ihn auf seinem Dachboden einzuquartieren. Biedermanns Misstrauen kehrt zwar zurück, jedoch gelingt es ihm nicht mehr, Schmitz aus dem Haus zu weisen. Als sich in der Folge auch noch dessen Freund Eisenring im Haus einnistet, die beiden Eindringlinge Benzinfässer auf dem Dachboden lagern und Zündvorrichtungen vorbereiten, hofft Biedermann durch Anbiederung von der schon unabwendbar scheinenden Brandstiftung verschont zu werden. Seine Menschlichkeit ist allerdings bloß vorgetäuscht, was sich auch darin zeigt, dass er seinen langjährigen Angestellten Knechtling durch Erniedrigung in den Selbstmord treibt. Das Unvermeidliche tritt ein: Die Brandstifter setzen das Haus in Flammen.

Die gleichnishafte Anlage des Stücks als »Lehrstück ohne Leh-

re«, wie der an Brecht anklingende Untertitel lautet, provozierte Lesarten, die Frisch zu einer Erklärung nötigten. Unwohl war ihm insbesondere bei der Möglichkeit einer antisozialistischen Lesart, der Frisch eine antifaschistische entgegenhielt, indem Biedermann als Nazimitläufer erscheinen konnte. Dies tat er in einem *Nachspiel*, das er eigens für die deutsche Erstaufführung Ende September 1958 in Frankfurt am Main verfasste. Biedermann und seine Frau finden sich, während sie sich im Himmel wähnen, in der Hölle wieder, Eisenring tritt als Teufel auf, Schmitz als Beelzebub. Eine Pointe des Nachspiels war auch die Kritik an der Entnazifizierung, indem der Himmel all jene exkulpiert, die eine Uniform tragen.
Für die Schweizer Erstaufführung von *Biedermann und die Brandstifter* schrieb Frisch den kurzen »Schwank« *Die große Wut des Philipp Hotz*, um mit zwei Einaktern ein abendfüllendes Programm zu erzielen. Er zeigt den verheirateten Intellektuellen Hotz, der aus heftiger Eifersucht zur Fremdenlegion gehen will, am Ende jedoch wieder zu seiner Frau zurückkehrt.
Beispielhaft für den breiten Erfolg des Stücks ist die Einschätzung von Hellmuth Karasek: Für ihn war *Biedermann und die Brandstifter* »von allen Frisch-Dramen das geradlinigste, knappste, konsequenteste« (Karasek 1966, S. 67).

Andorra. Stück in zwölf Bildern

Erste Auseinandersetzung mit dem Thema im *Tagebuch mit Marion* (1947) in »Der andorranische Jude« sowie »Du sollst Dir kein Bildnis machen«. Die Ausarbeitung des Stücks erfolgte ab Mai 1958; in der Folge entstanden fünf Fassungen mit unterschiedlichen Titeln (Ende 1960 *Modell Andorra*); Uraufführung am 2., 3., 4. November 1961 im Schauspielhaus Zürich unter der Regie von Kurt Hirschfeld. Überarbeitete Buchausgabe im Suhrkamp Verlag im Herbst 1961.

Andorra verlegt die für Frisch zentrale Problematik des Bildnismachens am zeitgeschichtlich signifikanten Beispiel des Antisemitismus von der existentiellen Ebene der Romane auf eine gesellschaftspolitische. Der andorranische Lehrer Can gibt aus Furcht, sein Ansehen in der andorranischen Gemeinschaft zu verlieren, seinen mit einer Frau aus dem Nachbarstaat unehelich gezeugten Sohn Andri als Judenkind aus. Er erklärt, er

habe Andri vor den Andorra bedrohenden »Schwarzen«, der antisemitisch eingestellten Bevölkerung des Nachbarstaates, gerettet. Als vermeintlicher Jude bleibt Andri jedoch auch unter den Andorranern ein Außenseiter, weil ihm sein Judesein ganz von außen zugeschrieben wird. Selbst die philosemitischen Zuschreibungen des Paters folgen dieser Logik. Andri wehrt sich anfänglich gegen die Zuschreibung als Jude, kommt jedoch nicht dagegen an und identifiziert sich zuletzt mit der Rolle des Juden als des »Anderen«. Nach dem Einmarsch der »Schwarzen« in Andorra ist die Katastrophe nicht mehr abzuwenden: Andri wird in der »Judenschau« als vermeintlicher Jude »überführt« und ermordet.
Frisch betonte, »Andorra« sei als ein »Modell« zu verstehen: das Judentum Andris exemplarisch für jede Art von sozialem Vorurteil. Dies begründete den Erfolg dieses Stücks seit den ersten Aufführungen: »Wann hat man zuletzt bei einem modernen Stück, verfaßt in deutscher Sprache, eine solche Raserei der Zustimmung erlebt?«, so Friedrich Luft in *Die Welt* (6. November 1961). Dennoch stieß es auch auf Kritik, etwa in der Schweiz, wo man sich in Andorra wiederzuerkennen glaubte. Anderer Art war die Kritik Friedrich Torbergs, der in Frischs Betonung des Modellcharakters eine problematische Enthistorisierung sah: Judentum und Judesein seien gerade »keine Modelle, sie sind keine austauschbaren Objekte beliebiger (und ihrerseits austauschbarer) Vorurteile, wie ja auch der Antisemitismus kein beliebiges (und seinerseits austauschbares) Vorurteil ist« (Torberg 1971, S. 296 f.).

Biografie: Ein Spiel. Eine Komödie

Beginn der Ausarbeitung 1966, provisorische Version im März 1967. Die geplante Uraufführung unter der Regie von Rudolf Noelte wurde Ende September von Frisch wegen Streitigkeiten um Textänderungen abgesagt. Unter der Regie von Leopold Lindtberg fand die Uraufführung am 1. Februar 1968 am Schauspielhaus Zürich statt. Als Buch im November 1967 im Suhrkamp Verlag veröffentlicht. Eine veränderte Fassung erschien 1984.

Das Stück greift, ebenso wie das Filmprojekt *Zürich-Transit* (1966), das im *Gantenbein*-Roman durchgespielte Experiment um die Identität als Möglichkeit in der Form einer Komödie auf. Der Verhaltensforscher Hannes Kürmann – der Name ist Programm für die Wahlmöglichkeit – bekommt die Chance, seine Biographie als Theaterstück probeweise zu verändern. So kann er Alternativen durchspielen, die er im Leben nicht verwirklicht hat. Kürmann spielt sich selbst, die anderen Rollen übernehmen Schauspieler, die die verschiedenen Szenen gemäß seinen Anweisungen spielen. Kürmann jedoch kann seine Persönlichkeit nicht verändern. So kann er auch nicht verhindern, dass er seiner zweiten Frau Antoinette begegnet, die jedoch die Möglichkeit zur Veränderung hat: Sie nimmt sich die Freiheit, Kürmann nicht zu heiraten. Nach Gantenbeins Prinzip: »Ich probiere Geschichten an wie Kleider« dient das theatrale Verfahren der Probe dem Entwurf von Lebensalternativen. Das Leben erscheint somit nicht bloß dem Zufall unterworfen, sondern auch durch die Entscheidungsfreiheit des Menschen veränderbar.

Der Kritik erschien die Umsetzung des Permutationsdramas, das Zeit- und Raumlogik überwinden und Möglichkeiten durchprobieren sollte, weitgehend als misslungen. Schwerwiegender noch war der Vorwurf an das Stück einer Rückkehr zu einem Ästhetizismus, mehr noch, wie im *Spiegel* am 19. Januar 1968 zu lesen war: »Nach Polit-Parabeln wie ›Biedermann und die Brandstifter‹ oder ›Andorra‹ markiert es den Rückzug ins Privatleben.« Das war im politisierten Jahr 1968 eine umso schärfere Kritik.

Das Spätwerk (1974-1982)

Das erzählerische wie dramatische Werk Frischs aus der Nachkriegszeit zeichnet sich durch das Primat des Erfindens über die Wirklichkeit (im Erzählen) sowie das Primat des Gesellschaftlichen gegenüber dem Privaten (im Drama) aus. In seinen späten Jahren rückte Frisch von beiden Vorgaben ab: Er fand zu einem Erzählen, das gegen das Erfinden das Gegebene setzt, sei es im Autobiographischen (*Montauk*, 1975), in der Natur (*Holozän*, 1979) oder im Fall einer Kriminalhandlung und ihrem Anspruch auf »Wahrheit« (*Blaubart*, 1982). Dabei experimentierte Frisch, im Anschluss an das zweite Tagebuch, mit neuen Erzählformen, die die lineare Narration zugunsten von Mehrperspektivität, Collage und Montage überschreiten.

Montauk. Erzählung

Geschrieben im Sommer 1974, erschienen 1975 im Suhrkamp Verlag.

Der Text ist eine »autobiographische Erzählung«, in der Frisch im Sinn einer *confessio* über sein Leben spricht, genauer über seine Kindheit, Entwicklung, Freunde (Werner Coninx), vor allem aber über seine Beziehung zu Frauen: Käte Rubensohn, Trudy von Meyenburg, Madeleine Seigner, Ingeborg Bachmann, Marianne Oellers und schließlich, als Hauptstrang des Erzählens, zu seiner damals aktuellen Beziehung mit Alice Locke-Carey, die im Text als Einzige einen fiktiven Namen trägt: »Lynn«. Dieses Momentum stellt indirekt den (im Motto auf Montaignes Essays rekurrierenden) Vorsatz des autobiographischen Buches, aufrichtig von sich reden zu wollen, in Frage. Deutlich wird so, dass der Text ein Hybrid von Erfindung und Autobiographie ist, von literarischer Fiktion und Faktum. Auf dieser Grundlage entwickelt er neue, schlichte Möglichkeiten des Erzählens überhaupt.

> »[...] autobiographisch, ja, autobiographisch. Ohne Personnagen zu erfinden; ohne Ereignisse zu erfinden, die exemplarischer sind als seine Wirklichkeit; ohne auszuweichen in Erfindungen. Ohne seine Schriftstellerei zu rechtfertigen durch Verantwortung gegenüber der Gesellschaft; ohne Botschaft. Er hat keine und lebt trotzdem. Er möchte bloß erzählen (nicht ohne alle Rücksicht auf die Menschen, die er beim Namen nennt): sein Leben.« (Max Frisch, *Montauk*; GW VI, S. 719 f.)

Die erinnernden Passagen sind gruppiert um den gegenwärtigen Hauptstrang, die Geschichte des alternden Schriftstellers »Max«, der zusammen mit »Lynn«, einer 31-jährigen Amerikanerin, im Mai 1974 ein Wochenende am Strand von Montauk auf Long Island verbringt. Die Liebesgeschichte steht jedoch von Anfang an unter dem Zeichen der baldigen Trennung und damit der Unmöglichkeit: Der Rückflug ist gebucht, am Ende trennen sich die beiden wenig emotional.

Auch mit Blick auf die Problematik der Veröffentlichung des

Privaten, fand Frischs Freund Uwe Johnson in einem Brief vom 13. Januar 1975 an Marianne Frisch zu einem angemessenen Verständnis: Mit *Montauk* sei es Frisch gelungen, »aus dem eigenen Leben mit Mitteln der Literatur ein Kunstwerk herzustellen, ohne der Form noch dem Inhalt Gewalt anzutun« (FJB, S. 106). Für Marcel Reich-Ranicki war *Montauk* Frischs bestes Buch. In seiner Rezension in der FAZ (7. Oktober 1975) fand er nur Superlative: »Es ist sein intimstes und zartestes, sein bescheidenstes und gleichwohl kühnstes, sein einfachstes und vielleicht eben deshalb sein originellstes Buch.« (Reich-Ranicki 1991, S. 81) Der Schweizer Filmemacher Richard Dindo drehte unter dem Titel *Journal I-III* (1981) eine filmische Umsetzung von *Montauk* sowie der beiden Tagebücher, in der Frisch selbst auftritt.

»Ein Schild, das Aussicht über die Insel verspricht: OVERLOOK.« (*Montauk*; GW VI, S. 621)

Triptychon: Drei szenische Bilder

Entstanden ab 1976; erschienen 1978. Erstmals inszeniert als Hörspiel im Deutschlandfunk am 15. April 1979; Uraufführung als Schauspiel in französischer Übersetzung im Centre Dramatique de Lausanne am 9. Oktober 1979 unter der Regie von Michel Soutter. Eine überarbeitete Fassung war Grundlage der deutschsprachigen Erstaufführung am Burgtheater Wien am 1. Februar 1981.

Das Stück setzt die Auseinandersetzung mit zentralen Fragen von Frischs Spätwerk fort: die des Todes sowie des Verhältnisses von Liebe und Tod. Der Name des Stücks weist auf die dreiteilige Form eines religiösen Bildes, wie es in Altären verwendet wurde: ein Mittelstück, umgeben von einem Vor- und einem Nachspiel. Das Vorspiel zeigt eine Trauergemeinschaft bei der Beerdigung des Toten Matthis Proll. Der Hauptteil spielt in der Totenwelt und thematisiert die Fehler und Versäumnisse des Lebens aus der Perspektive der Unabänderlichkeit des Todes. Das Nachspiel zeigt – nach dem mythischen Muster von Orpheus und Eurydike – die Begegnung des lebenden Roger mit der toten Francine und stellt dabei die Wandelbarkeit des Lebens gegen die Gleichförmigkeit des Todes. Im ersten Bild findet sich die Trauergemeinde im Haus der Witwe Prolls; es kommt neben banalen auch zu tiefgreifenden Gesprächen über den Tod.

»[...] als biologisches Faktum ist der Tod etwas Triviales, eine Bestätigung der Gesetze, denen alle Natur unterworfen ist. Der Tod als Mystifikation, das ist das andere. Ich sage ja nicht, daß sie inhaltslos sei. Aber eine Mystifikation. Auch wenn die Vorstellung eines ewigen Lebens der Person unhaltbar ist, die Mystifikation besteht darin, daß der Tod letztlich die Wahrheit über unser Leben ist: Wir leben endgültig.« (Max Frisch, *Triptychon*; GW VII, S. 102)

Das zweite Bild handelt im Totenreich am Styx – die Rede ist von einem »Bach«, an dem Proll erfolglos angelt»«. Leitend ist die Erkenntnis, dass sich im Tod nichts mehr verändern lässt: »Es geschieht nichts, was nicht schon geschehen ist, [...] Es kommt nichts mehr dazu.« (GW VII, S. 117) Das dritte Bild besteht aus der Unterhaltung zwischen Roger und der verstorbenen Francine. Ihr gemeinsames Projekt einer offenen gleichberechtigten Beziehung unter der dem Tod entgegenstehenden »Losung«: »Es gibt doch nichts, was sich nicht umdenken läßt! [...] die Welt umdenken, inbegriffen ihre Toten« (GW VII, S. 195) war an den üblichen Beziehungsschwierigkeiten gescheitert. Sie trennten sich, Roger heiratete Ann, Francine starb an Krebs. Wo Roger zunächst einen Neuanfang erhoffte, muss er am Ende erkennen, dass sich das gelebte Leben nicht mehr verändern lässt; Roger erschießt sich. Damit setzt das Stück einen Kontrapunkt gegen *Biografie: Ein Spiel*, wo es gerade umgekehrt möglich schien, gegenüber dem gelebten Leben neue Möglichkeiten auszuprobieren.

Schon die Buchausgabe wurde eher verhalten rezensiert. Hellmuth Karasek im *Spiegel* (10. April 1978) lobte allerdings Frischs Skepsis: Das Stück »erzählt weise« nicht so sehr »von Liebe und Tod«, sondern »vor allem vom Tod der Liebe« und vom Ende des ewigen Lebens: »Frisch liefert hier [...] einen Theater-Beweis gegen das Leben nach dem Tod.« Der Versuch, die Schwere des Themas und die Eintönigkeit der Totenwelt sodann auf die Bühne zu bringen, war nicht leichter einzulösen. Die Rezensionen über die Aufführungen in Lausanne waren größtenteils zurückhaltend. Frisch musste einen letzten theatralischen Misserfolg in Kauf nehmen.

Der Mensch erscheint im Holozän. Erzählung

Erste Entwürfe aus dem Sommer 1972 zunächst unter dem Titel *Regen*. Aus einer weiteren Vorfassung mit dem Titel *Klima*, die von Suhrkamp bereits angekündigt war, trug Frisch Ende 1974 ein Fragment in der Berliner Akademie der Künste vor. Bis zum November 1977 entstanden zwölf weitere Fassungen, die Druckfassung wurde von August bis November 1978 ausgearbeitet, der Titel im Oktober 1978 festgelegt. Die Buchausgabe erschien bei Suhrkamp im März 1979.

Die Erzählung macht nicht nur das individuelle Altern zum Gegenstand, sondern setzt dieses auch in den naturgeschichtlichen Zusammenhang eines Kosmos, in dem der Mensch verschwindet. Thematisiert wird dies am Beispiel des 73-jährigen Herrn Geiser, der seit dem Tod seiner Frau einsam im Valle Onsernone im Kanton Tessin lebt. Die Isolation wird zu einer existentiellen Grenzerfahrung, als nach andauernden Sommergewittern ein Erdrutsch das Tal von der Außenwelt abschneidet. Der zugleich mythischen (Sintflut) und realen Bedrohung durch die Natur, zu der sich Anzeichen eines Gedächtnisverlustes als innere Auflösung gesellen, stellt Geiser ein enzyklopädisches Vorhaben entgegen, in der Hoffnung, dass »Wissen beruhigt«. Dieses Vorhaben hat die Form einer Zitatensammlung aus Lexika (etwa dem *Brockhaus*) und Sachbüchern (wie zum Beispiel *Die Welt in der wir leben*), wobei er die Einträge zuerst abschreibt, dann ausschneidet und an eine Wand heftet. Im Druck sind diese Zitate, Bilder, Statistiken etc. typographisch hervorgehoben und machen den Text zu einer Collage. Doch das enzyklopädische Projekt einer Selbstversicherung des menschlichen Daseins über die Ordnung des Wissens scheitert: Die Zettel werden durch einen Luftzug durcheinandergebracht, das Wissen seiner Ordnung beraubt.

> »Die Ameisen, die Herr Geiser neulich unter einer tropfenden Tanne beobachtet hat, legen keinen Wert darauf, daß man Bescheid weiß über sie, so wenig wie die Saurier, die ausgestorben sind, bevor ein Mensch sie gesehen hat. Alle die Zettel, ob an der Wand oder auf dem Teppich, können verschwinden. Was heißt Holozän! Die Natur braucht keine Namen. Das weiß Herr Geiser. Die Gesteine brauchen sein Gedächtnis nicht.« (Max Frisch, *Der Mensch erscheint im Holozän*; GW VII, S. 296)

Dagegen sich aufbäumend, unternimmt Geiser unter großer Anstrengung eine Passüberquerung ins benachbarte Maggiatal, beendet jedoch den Ausbruchsversuch aus Einsicht in die Vergeblichkeit und kehrt in sein Haus zurück. Am Ende dominiert die dem Menschen gegenüber gleichgültige Natur, die seinen Anspruch auf Ordnung und Wissen relativiert und seine Individualität förmlich erodiert. Das belegen nicht zuletzt auch Geisers Symptome von Demenz wie auch ein Schlaganfall, den er nur noch unbewusst registriert. Der Text ist in der Schweiz wie in Deutschland zurückhaltend bis abwertend, als misslungenes Alterswerk, aufgenommen worden. Urs Jenny folgte im *Spiegel* (7. Mai 1979) Frischs Abstieg in die »Dämmerung von Wahnsinn und Untergang«, während sich Marcel Reich-Ranicki »verwundert und verärgert« ausschwieg (Reich-Ranicki 1991, S. 106). Frisch selbst ärgerte sich über biographische Interpretationen, die er als »Schwachsinn« zurückwies (IH, S. 117). In den USA wurde die englische Übersetzung *Man in the Holocene* ungleich positiver aufgenommen: Die *New York Times Book Review*

Typoskriptseite 63 zu *Holozän*, 1978

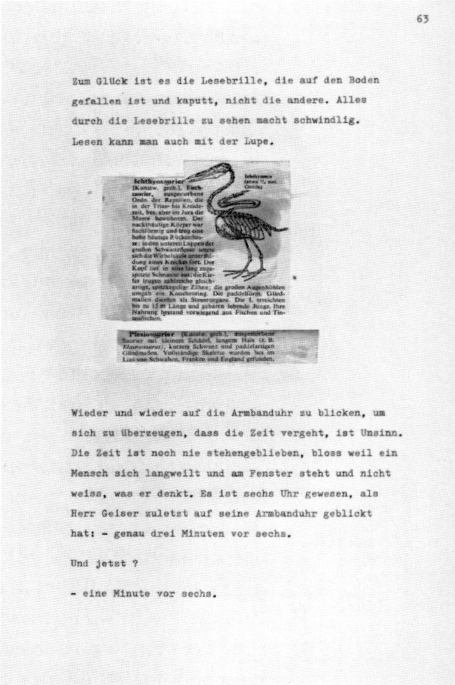

63

Zum Glück ist es die Lesebrille, die auf den Boden gefallen ist und kaputt, nicht die andere. Alles durch die Lesebrille zu sehen macht schwindlig. Lesen kann man auch mit der Lupe.

Ichthyosaurier [Kunstw. grch.], Fischsaurier, ausgestorbene Ordn. der Reptilien, die in der Trias- bis Kreidezeit, bes. aber im Jura die Meere bewohnten. Der nackthäutige Körper war fischförmig und trug eine hohe häutige Rückenflosse; in den unteren Lappen der großen Schwanzflosse setzte sich die Wirbelsäule unter Bildung eines Knickes fort. Der Kopf lief in eine lang zugespitzte Schnauze aus; die Kiefer trugen zahlreiche gleichartige, spitzkegelige Zähne; die großen Augenhöhlen umgab ein Knochenring. Die paddelförm. Gliedmaßen dienten als Steuerorgane. Die I. erreichten bis zu 15 m Länge und gebaren lebende Junge. Ihre Nahrung bestand vorwiegend aus Fischen und Tintenfischen.

Plesiosaurier [Kunstw. grch.], ausgestorbene Saurier mit kleinem Schädel, langem Hals (z. B. *Elasmosaurus*), kurzem Schwanz und paddelartigen Gliedmaßen. Vollständige Skelette wurden bes. im Lias von Schwaben, Franken und England gefunden.

Wieder und wieder auf die Armbanduhr zu blicken, um sich zu überzeugen, dass die Zeit vergeht, ist Unsinn. Die Zeit ist noch nie stehengeblieben, bloss weil ein Mensch sich langweilt und am Fenster steht und nicht weiss, was er denkt. Es ist sechs Uhr gewesen, als Herr Geiser zuletzt auf seine Armbanduhr geblickt hat: – genau drei Minuten vor sechs.

Und jetzt ?

– eine Minute vor sechs.

feierte die Erzählung als »classic« und »masterpiece« (22. Juni 1980) und wählte sie zur wichtigsten Erzählung des Jahres 1980. Das Buch wurde 1992 von Heinz Bütler und Manfred Eicher verfilmt.

Blaubart. Erzählung

Geschrieben 1981 in Zürich, im Februar/März 1982 in der FAZ vorabgedruckt, Buchausgabe 1982 im Suhrkamp Verlag. Zum Film *Blaubart* von Krzysztof Zanussi schrieb Frisch gemeinsam mit Zanussi das Drehbuch; die Fernsehproduktion wurde erstmals ausgestrahlt in der Schweiz am 22. Oktober 1984, in Deutschland am 28. Oktober 1984.

Angeregt war Frisch von dem Gerichtsprozess über einen Winterthurer Goldschmied, der unter Anklage stand, seine Frau ermordet zu haben, jedoch freigesprochen wurde. Zugleich rekurriert die Kriminalerzählung auf das Blaubart-Märchenmotiv, das in der Literatur seit Charles Perrault vielfach variiert wurde. Bei Frisch geht es dabei weniger um das Verbrechen selbst, sondern um die Aufarbeitung nicht so sehr einer objektiven, juristischen Schuld als eines existentiellen subjektiven Schuldgefühls. Der Arzt Dr. Felix Schaad, wegen seiner zahlreichen Ehen als »Ritter Blaubart« benannt, steht unter Verdacht, eine seiner ehemaligen Frauen ermordet zu haben. Zwar wird der Angeklagte mangels Beweisen freigesprochen, doch läuft der Prozess in seinem Gewissen fort, »wie vor Gericht« (GW VII, S. 312). Auch übliche Ablenkungen wie Billard oder Alkohol vermögen ihn von den bohrenden Fragen nicht abzubringen. Vielmehr scheint sein Schuldgefühl geradezu existentiell angelegt: »Seit meinem vierzehnten Lebensjahr habe ich nicht das Gefühl, unschuldig zu sein [...].« (GW VII, S. 343) Davon angetrieben, will Schaad die Wahrheit über sich und seine Schuld herausfinden, dies gemäß dem Gemeinplatz der Gerichtsrede, »die Wahrheit zu sagen und nichts als die Wahrheit« (GW VII, S. 312). Die Erzählung zeichnet dabei auch die Frageprotokolle aus den Erinnerungen seiner Freunde wie Patienten auf. Beispielhaft ist etwa die Frage nach der Bedeutung der Frauen für Schaad, eine Frage nicht ohne autobiographische Selbstironie: »Ich möchte den Angeklagten fragen, ob er der Meinung ist, daß er je eine Frau verstanden hat. Denn das scheint mir nämlich nicht der Fall zu sein, Herr Doktor, denn immer rätseln Sie an den Frauen herum, und wenn eine Frau sich nicht an Ihre männliche Deutung hält, was dann?« (GW VII, S. 358) Die zahlreichen Befragungen von Zeugen, darunter auch Schaads Frauen, ergeben dennoch kein eindeutiges Bild. Die Tragik besteht dabei nicht zuletzt auch darin, dass der vom Gewissen Getriebene seine Schuld eingestehen will, ihm jedoch nicht geglaubt wird, weil sich inzwischen ein Täter gefunden hat. Das unüberwindbare Schuldgefühl treibt Schaad schließlich in einen Selbstmordversuch, doch auch dieser scheitert. Ein Wrack seiner selbst, liegt Schaad am Ende im Krankenhausbett, ohne sehen und sprechen zu können.

Als »völlig unsentimentales Alterswerk« (SZ, 1. April 1981) wurde diese Erzählung vielfach positiv aufgenommen: »formal raffiniert« in der »Darstellung einer kunstvoll nachgewiesenen Nichtigkeit« (*Die Welt*, 17. April 1982). Vernichtend war dagegen das Urteil von Reich-Ranicki in der FAZ (3. April 1982): »Hat es mich enttäuscht? Nein, dieses Wort ist zu schwach. Ich war nachgerade entsetzt.« (Reich-Ranicki 1991, S. 108)

Wirkung

Klassiker der Gegenwartsliteratur

»Klassiker inmitten unserer Gegenwart«

Frisch gilt als Autor von internationaler Bedeutung, als ein »Klassiker inmitten unserer Gegenwart«, wie es Marcel Reich-Ranicki 1972 in *Die Zeit* formulierte, seit den sechziger Jahren einer der einflussreichsten Rezensenten von Frischs Werken (Reich-Ranicki 1991, S. 63). Seine Wirkung manifestiert sich nicht nur in der Inspiration für andere Autoren wie Christa Wolf, Peter Härtling, Walter Matthias Diggelmann, Silvio Blatter, Peter Bichsel, Wolfgang Hildesheimer, Carsten Niemann, Uwe Johnson, um nur einige Namen zu nennen. In der Breite zeigt sie sich auch in seiner Stellung als Klassiker der Schulliteratur oder als Namensgeber des Max-Frisch-Preises der Stadt Zürich.

Freilich ist die Wirkung Frischs in unterschiedlichen Kontexten unterschiedlich ausgeprägt. Sie ist durch historische Zäsuren sowie durch geographische und politische Standorte bestimmt, die sich einerseits von seiner Lebensgeschichte her ergeben, andererseits aber vor allem durch die Ereignisse und Diskurse des 20. Jahrhunderts – dem Jahrhunderts Frischs – geprägt sind. Eine Zäsur war bestimmend: das Ende des Zweiten Weltkrieges 1945. Sie teilt Frischs Arbeitsphasen und zugleich die Möglichkeiten seiner Wirkung zu Lebzeiten in zwei Teile: die Zeit vor und während des Weltkrieges (1933-1945), in der Frischs literarische Anfänge in der Schweiz lagen, und die Zeit nach dem Krieg, Frischs Hauptarbeitszeit, die mit der Epoche des Kalten Krieges zusammenfiel, der unmittelbar nach 1945 mit dem Aufbau der beiden Blöcke des »Westens« und des »Ostens« begann und mit dem Berliner Mauerfall Ende 1989 und der Auflösung der Sowjetunion 1991 endete. Tatsächlich war nicht nur die Ausgestaltung von Frischs Werk, sondern auch seine Rezeption wesentlich in die gesellschaftlichen, kulturellen, ideologischen und politischen Debatten der Epoche des Kalten Krieges eingebettet. Dieser machtpolitische Konflikt trennte die Welt mit einem »Eisernen Vorhang« in zwei konkurrierende Blöcke: einen marktwirtschaftlichen »Westen« der Nato und einen sozialistischen »Ostblock« des Warschauer Paktes. Die Ereignisse

Epoche des Kalten Krieges

und Kontroversen dieser Zeit sind wesentliche Aspekte des Diskurses, innerhalb dessen Frisch schrieb und auch gelesen wurde. Sie bildeten die Öffentlichkeit seines Schreibens an seinen wechselnden Wohnorten in der Schweiz, in Deutschland, in Italien und in den USA, konkret: die Aufarbeitung des Krieges und des Holocaust nach 1945, der ambivalente Prozess der Entnazifizierung, die Angst vor dem »Kommunismus« im Westen und die Angst vor dem »Kapitalismus« im Osten, die ideologischen Spannungen zwischen Kapitalismus und Sozialismus überhaupt, Wettrüsten und atomare Bedrohung, der politisierte Generationenkonflikt um 1968, internationale Ereignisse wie der Prager Frühling und die Kriege in Vietnam und Kambodscha, regionale Ereignisse in der Schweiz und Zürich wie die »Globuskrawalle«, die Fichenaffäre etc.

Mit Blick vor allem auf diese Ereignisse und Debatten in der Epoche des Kalten Krieges lässt sich die Geschichte und Geographie von Frischs Wirkung gliedern: Als Erstes ist die Zeit des Nationalsozialismus und des Zweiten Weltkrieges zu unter-

Frisch mit Autoren des Suhrkamp Verlags beim Empfang im Hause Suhrkamp in Frankfurt zu Frischs 70. Geburtstag, 1981

scheiden, in der Frischs Wirkung weitgehend auf die Schweiz begrenzt war, auch wenn seine ersten beiden Bücher in Deutschland gedruckt wurden. Die Wahrnehmung der Werke des schreibenden Journalisten Frisch, der neben Dutzenden von Zeitungsartikeln drei Bücher vorgelegt hatte, war zu dieser Zeit auch in der Schweiz bescheiden.

Eine ungleich größere Breite erreichte die Wirkung von Frischs Texten nach dem Krieg bis zu seinem Tod 1991. Mit seinen Dramen nach 1945 wurde er sehr rasch auch über die Schweiz hinaus wahrgenommen und diskutiert, zunächst vor allem in Deutschland: Im Jahrzehnt zwischen 1945 und 1955 etablierte sich Frisch als eine gewichtige Stimme der deutschsprachigen Gegenwartsliteratur. Mit den Romanen *Stiller, Homo faber* und *Gantenbein* erweiterte sich der Wirkungskreis von Frischs Texten ab 1955 noch einmal wesentlich, indem er zunehmend auch im nichtdeutschsprachigen Europa sowie in den USA und in Russland bekannt wurde; so avancierte er ab Mitte der fünfziger Jahre zu einem Autor von Weltbedeutung.

Nach Frischs Tod 1991

Nach Frischs Tod 1991 schließlich, der mit dem Ende der Epoche des Kalten Krieges zusammenfiel, veränderte sich die Wahrnehmung Frischs notgedrungen noch einmal: einerseits, indem in den vergangenen zwanzig Jahren die historischen Prämissen seines Schreibens zunehmend in die Ferne rückten, andererseits, indem sich eine Differenzierung in der Rezeption seiner Werke abzeichnete: einige stiegen vollends in den Rang des Klassikers der Nachkriegszeit auf, andere gerieten in Vergessenheit. Mit der Werkausgabe zu seinem 65. bzw. 75. Geburtstag war die Basis für den Klassikerstatus deutscher Gegenwartsliteratur gegeben.

Übersetzungen

Mit den Übersetzungen wiederum erlangte Frisch zunehmend Weltbedeutung. So verdankte sich die neue Breite in der Wirkung, die Frisch mit den Romanen *Stiller* wie *Homo faber* erreichte, wesentlich auch Übersetzungen. Zwar war der *Stiller* nicht der erste übersetzte Text: Bereits 1953 erschienen eine französische Übersetzung von *Als der Krieg zu Ende war* unter dem Titel *Agnès* und 1954 eine japanische Übersetzung der Komödie *Don Juan oder Die Liebe zur Geometrie.* Dennoch waren es weniger die frühen Dramen als eben die Romane, die Frisch zu einem weltbekannten Autor machten. Eine Übersetzung von *Stiller* erschien zuerst auf Französisch (*Je ne suis pas Stiller*, 1957), Englisch (*I'm not Stiller*, 1958) und Italienisch (1959); *Homo faber* wiederum, Frischs meistübersetzter Text, zuerst auf Englisch (1959), Italienisch (1959) und Französisch (1961), um nur den Anfang einer langen Liste von Übersetzungen zu nennen. Um 1960 rückten die beiden Dramen *Biedermann* und *Andorra* nach, wie in den folgenden Jahren die meisten Werke nicht nur in europäische, sondern auch in außereuropäische Sprachen übersetzt wurden, darunter ins Hebräische, Japanische und Chinesische.

Die kulturelle wie geographische Erweiterung der Wirkung zu Frischs Lebzeiten in drei Etappen von der Schweiz über Deutschland hinaus in einen internationalen Raum zeigt sich nicht zuletzt auch an den Preisen. Die ersten Preise kamen aus der Schweiz, um nur einige Beispiele anzuführen: 1935, 1940 und 1955 Preise der Schweizerischen Schillerstiftung sowie 1938 der Conrad-Ferdinand-Meyer-Preis der Stadt Zürich. Ab 1954 folgten weitere und gewichtige Preise aus Deutschland, angefangen mit dem Wilhelm-Raabe-Preis Braunschweig, gefolgt unter anderem vom Georg-Büchner-Preis 1958, der gemeinsam mit dem Friedenspreis des Deutschen Buchhandels 1976 zweifellos einen Höhepunkt von Frischs Achtung im deutschsprachigen Europa markierte. Um 1980 kamen Preise bzw. Ehrendoktorate aus den USA und England hinzu: 1980 die Ehrendoktorwürde des Bard College (Staat New York), 1982 die Ehrendoktorwürde der City University of New York und 1985 der Commonwealth-Preis aus Chicago – Bestätigungen dafür, dass Frisch insbesondere auch in den USA, wo er über längere Zeit lebte und 1989 die Ausgabe *Novels, Plays, Essays* erschien, den Status eines modernen Klassikers erreicht hatte.

Preise

In der Schweiz seit 1933

In Frischs früher Wirkungszeit bis um 1945 war seine Wahrnehmung wesentlich auf die Schweiz beschränkt, auch wenn seine ersten beiden Romane in Deutschland gedruckt und dort vereinzelt auch rezensiert wurden. Für den ersten *Jürg Reinhart* (1934) etwa erhielt Frisch Kritiken nicht nur in der NZZ, seinem »Hausblatt«, sondern auch in der *Dortmunder Zeitung* und in *Die Literatur* (Berlin). Mit Kriegsbeginn 1939 allerdings fanden Frischs Arbeiten, wie zum Beispiel die *Blätter aus dem Brotsack* (1940), fast ausschließlich in Schweizer Zeitungen Beachtung, und er partizipierte mit ihnen auch überwiegend an innerschweizerischen Diskursen.

Spannungen zur Schweiz

Während Frisch nach dem Krieg zuerst in Deutschland internationale Bekanntheit erlangte, ergaben sich in seinem Verhältnis zur Schweiz Spannungen. Dies war erstmals der Fall anlässlich des Stücks *Nun singen sie wieder*, das den NZZ-Redakteur Ernst Bieri nach der Uraufführung im März 1945 dazu veranlasste, Frisch als »Anwalt der Irregeführten« zu diskreditieren, um ihn vier Jahre später, Anfang 1949, nach der Uraufführung von *Als der Krieg zu Ende war*, als Sympathisanten der Linken zu kritisieren. Damit zeichnete sich ein Muster für die Wahrnehmung Frischs aus einer bürgerlich-konservativen Warte ab, das sich in den folgenden Jahren des Kalten Krieges festigte: Demnach war alles politisch verdächtig, was nach Sozialismus oder Kommunismus aussah. Nicht zufällig wurde Frisch dann auch seit seiner Reise im August 1948 zum Weltfriedenskongress nach Polen vom Schweizer Staatsschutz über Jahrzehnte hinweg beobachtet.

In dem Maße, wie Frisch in den folgenden Jahren die Position eines mehr moralischen als politischen sozialistischen Humanismus herausbildete, markierte er auch eine immer deutlichere Distanz zur vorherrschenden liberalkonservativen Haltung in der Schweiz. »Und in der Schweiz?«, so Adolf Muschg 1975 an Frisch adressiert: »Hier wächst mit Deinem ›Namen‹ zugleich seine Provokation.« (FMF, S. 157) Im Zuge der Polarisierung um 1968 wurde Frisch dem konservativen Bürgertum vollends zu einem roten Tuch, dafür aber einer neuen sozialdemokratischen und kritischen Gruppe von Kulturschaffenden und Schriftstellern zu einem intellektuellen Vorkämpfer, darunter Peter Bichsel, Adolf Muschg, Otto F. Walter, Jörg Steiner und Jürg Federspiel – »eine gute Gesellschaft für die Hölle«, so Muschg (FMF, S. 158); es waren dies zugleich Mitglieder der »Gruppe Olten«, die sich 1970 unter dem Vorwurf als »linke Intellektuelle« vom Schweizerischen Schriftstellerverein abgespalten hatten.

Intellektueller Vorkämpfer

»Nein, er war kein Patriot. Er war nur einer, der sein Leben, seine Welt ernst nahm – Schweiz als Beispiel. Nichts anderes hat ihm die erbitterte Feindschaft von Bürgerlichen eingebracht. [...] Kein anderer wie er hat so hartnäckig darauf beharrt, daß Schweiz ein Thema sei. Von ihm haben wir das Thema. [...] Er hat Sprache gefunden, Schweiz zu beschreiben, und er hat sie so dem stillschweigenden Einverständnis entrissen, dem stillschweigenden Einverständnis der Patrioten, der Obersten, der Spekulanten und Profiteure, dem stillschweigenden Einverständnis der Schweizer.« (Peter Bichsel, »Ansprache zur Totenfeier«; MFT, S. 24 f.)

Dergestalt veränderte Frisch die literarische und intellektuelle Kultur in der Schweiz; er repräsentierte einen neuen Typus des Schriftstellers: selbstbewusst und mit »Lust am kalkulierten Ärgernis«, an der »literarischen Unbotmäßigkeit« (von Matt 2001, S. 225). Eine Herausforderung war dabei auch seine exterritoriale, gewissermaßen demonstrativ emigrantische Stellung. 1964 etwa gab Frisch, der durch vielfältige Auslandsaufenthalte immer wieder Distanz zur Schweiz gesucht hatte, in Rom der Zeitschrift *neutralität. Kritische Schweizer Zeitschrift für Politik und Kultur* ein Interview zur Schweiz: über Neutralität, Vergangenheitsbewältigung, Presse, Freiheit, Demokratie, Armee. Die NZZ warf ihm daraufhin vor, er habe sich im Ausland in »splendid isolation« begeben. Statt einer »Philippika aus Rom« seien jetzt »echte schweizerische Alternativen« gefragt und »Intellektuelle, welche ihre Ideen nicht nur mit Eloquenz, sondern auch mit Ausdauer verfechten, ja allenfalls bereit sind, dafür auf die Barrikaden zu steigen« (SH, S. 569). Genau dazu war Frisch in der Tat auch bereit, wie etwa der »Zürcher Literaturstreit« um 1966 zeigt. Emil Staiger hatte in seiner Rede *Literatur und Öffentlichkeit* im Dezember 1966 an der zeitgenössischen »littérature engagée« nicht nur die wahre »sittliche Gesinnung« vermisst, sondern auch eine grundlegende Degeneration des Moralischen bis hin zum »Psychopathischen« diagnostiziert. Im Zuge von Frischs heftiger Kritik an Staigers moralisch-politischem Begriff der »entarteten Kunst« wurde Frisch erneut zum Sprecher einer jungen Generation von

Autoren, Intellektuellen und Studierenden. Aber auch die sozialdemokratische Partei trat an Frisch heran, 1965 etwa mit der Bitte, für das Amt des Stadtpräsidenten von Zürich zu kandidieren. Frisch lehnte jedoch ab; er wolle nicht als Politiker, sondern als Schriftsteller Stellung beziehen.

Anlässlich der Veröffentlichung des zweiten Tagebuchs (1970) in der Schweiz verschärfte sich diese Polarisierung. In einer liberalkonservativen Öffentlichkeit bestärkte das Tagebuch eine zunehmend ablehnende Haltung gegenüber Frischs politischen Stellungnahmen. Frisch selbst bemerkte in einem Brief an Karl Schmid – als Antwort auf dessen Buch *Unbehagen im Kleinstaat* (1963) –, in der »zürcherischen Gesellschaft« wiederholt als »Psychopath« oder »Landesverräter« bezeichnet worden zu sein (SH, S. 573). Die Polarisierung, die Frischs Werke zwischen einer jüngeren, kritischen und einer älteren, liberalkonservativen Schweiz verstärkte, bestätigen auch die Reaktionen auf *Wilhelm Tell für die Schule* (1971) sowie auf Frischs Engagement anlässlich des Plebiszits gegen die Schweizer Armee im Herbst 1989.

> »Max Frisch ist zu einer moralischen Instanz in diesem Land geworden; vergleichbar mit einem Pestalozzi, einem Spitteler. Er ist es geworden, weil er ein politischer Schriftsteller ist. Seine schöpferische Kraft, seine Sprache gründen in seinem politischen Gewissen.« (Jörg Steiner, *Leben als Haltung*, 1981; FMF, S. 187)

Nach Frischs Tod 1991

Seit Frischs Tod 1991 hat sich solche politisch-ideologisch motivierte Polarisierung seiner Person weitgehend gelegt. Über das Bild des gegenwartsbezogenen, kritisch sich einmischenden Zeitgenossen hat sich ein anderes Bild geschoben: der Klassiker der Moderne, der überzeitliche allgemeinmenschliche Fragen wie diejenige nach Identität, Liebe, Tod aufwirft. Damit war Frisch zwar lange vor seinem Tod schon konsensfähig. Nach seinem Tod wurde er jedoch zunehmend darauf beschränkt, wogegen die tagespolitische Aktualität seines Schreibens entweder historisch kontextualisiert oder aber in den Hintergrund gerückt wurde. Der provokative Zeitgenosse verwandelte sich in den konsensfähigen Klassiker.

In der Bundesrepublik Deutschland seit 1945

Während der Journalist und Erzähler Frisch vor 1945 in Deutschland, wiewohl dort bis 1938 gedruckt, kaum bekannt war, so änderte sich dies für den Dramenautor Frisch nach 1945 rasch und nachhaltig. Seine erste Bühne war zwar von Anfang an das Zürcher Schauspielhaus, an dem mit Ausnahme von *Triptychon* sämtliche seiner Stücke uraufgeführt wurden. Allerdings war das Schauspielhaus auch bei Frischs Anfängen als Theaterautor um 1945 eine weit über die Schweiz hinaus bedeutsame, gar die wichtigste deutschsprachige Bühne überhaupt, die wesentlich von Exilanten geprägt war. Am 30. April 1949 konnte man im *Spiegel* lesen: »Zürich war in den letzten zehn Jahren die repräsentativste deutschsprachige Uraufführungsbühne.«

Dennoch aber kamen Frischs Stücke unmittelbar nach Kriegsende auch in der Bundesrepublik auf die neu erstehenden Bühnen. Den Anfang machte das Stück *Nun singen sie wieder*, das Ende März 1945 im Schauspielhaus Zürich uraufgeführt wurde und 1946/47 in den Münchner Kammerspielen sowie in Hamburg auf die Bühne kam. Es wurde sogleich breit und kontrovers diskutiert (vgl. GW II, S. 469 f.). Am 11. Januar 1947 berichtete der *Spiegel* über die Debatten, zitierte Stimmen und fasste zusammen: »Der erste ›Nie-Wieder-Krieg-Ruf‹ dieser Generation von der Bühne her. Eine neutrale Stimme hat ihn ausgestoßen.« Ähnlich große Aufmerksamkeit erhielt die Erstaufführung von *Die Chinesische Mauer* an den Hamburger Kammerspielen Ende November 1948. Am 27. November stellte der *Spiegel* seinen Lesern einen offensichtlich noch wenig bekannten, dennoch hoch gelobten Schweizer Dramatiker vor, der für Deutschland eine große Botschaft hatte: »Ein kleiner, dunkler Mann mit schwarzer Hornbrille verbeugte sich auf der Bühne der Hamburger Kammerspiele: der Schweizer Max Frisch. Er war zur deutschen, von Ulrich Erfurth inszenierten Erstaufführung seines Stücks ›Die Chinesische Mauer‹ gekommen. Das mit Kulturprominenz gefüllte Parkett klatschte sich die Weltuntergangsstimmung von der Seele, die das Stück verbreitet hatte. Manche hatten auch den Ruf des Schweizers nach Wahrheit und Frieden verstanden.«

Dass ausgerechnet ein Schweizer Autor nach 1945 in der Bundesrepublik zu einem vielbeachteten Dramenautor, später auch Romanautor avancieren konnte, erklärt sich auch daraus, dass die Schweiz nach der beispiellosen historischen Katastrophe des Holocaust kein »Jahr Null« postulierte, während in Deutschland ein »Nullpunkt« auch auf der Ebene der Literatur gefordert wurde. In der Bundesrepublik war es namentlich die Gruppe 47, die, wie es Alfred Andersch formulierte, »echte Künstlerschaft« aus der »Gegnerschaft zum Nationalsozialismus« dergestalt begründete, dass sie »die junge Generation vor einer tabula rasa« sah (Andersch, in Arnold 2004, S. 50). Einige von Frischs späteren Freunden und Bekannten gehörten zu der Gruppe, darunter nicht nur die Schriftsteller Alfred Andersch, Ingeborg Bachmann und Uwe Johnson, sondern auch Literaturkritiker wie Hans Mayer und Marcel Reich-Ranicki. Frisch selber jedoch trug dort nie vor und teilte die Rhetorik der »tabula rasa« nicht – und sie wurde von ihm auch nicht eingefordert. Gerade damit aber konnte der Dramenautor aus der Schweiz 1945 als eine unbelastete kritische Stimme anerkannt werden.

Reaktionen auf *Andorra*

Das bestätigen die Reaktionen auf das Drama *Andorra*, mit dem Frisch gerade in der Bundesrepublik am meisten Resonanz fand. In der Schweiz traf das Stück trotz großem Erfolg auch auf Skepsis, wie Frisch selbst erklärte: »*Andorra* hat das schweizerische Publikum getroffen [...] – und dies nicht unbeabsichtigt; eine Attacke gegen das pharisäerhafte Verhalten gegenüber der deutschen Schuld: der tendenzielle Antisemitismus in der Schweiz.« (Frisch, in Schmitz/Wendt 1978, S. 18 f.) Aber auch in Deutschland sorgte das Stück nicht nur für Beifall, von dem etwa Friedrich Luft berichtete: »Wann hat man zuletzt bei einem modernen Stück, verfaßt in deutscher Sprache, eine solche Raserei der Zustimmung erlebt, bei einem Stoff zudem, der eher unerfreulich und heikel ist?« (*Die Welt*, 6. November 1961) Kritik rief etwa die modellhafte Thematisierung des Antisemitismus hervor. Dennoch war die Wirkung des Stücks in der Bundesrepublik außerordentlich. Sie lässt sich auch dadurch begründen, dass der Besuch einer Aufführung des Stücks, das in der Spielzeit 1961/62 zu den meistgespielten in Deutschland gehörte, die Verarbeitung der Kollektivschuld des Antisemitismus mit beförderte, ja gewissermaßen eine kathartische Entlastung erlaubte.

»Frisch: ›Die Schuldigen sitzen ja im Parkett. Sie, die sagen, daß sie es nicht gewollt haben. Sie, die schuldig wurden, sich aber nicht mitschuldig fühlen. Sie sollen erschrecken‹, meinte Frisch, ›sie sollen, wenn sie das Stück gesehen haben, nachts wach liegen.‹ Ich fragte ihn, ob er an ein bestimmtes Publikum gedacht habe, als er das sagte. Ich fragte, ob es ein bestimmtes Land gebe, in dem der größere Teil des Publikums Mitschuldige seien. ›Die Mitschuldigen sind überall‹, antwortete Frisch.« (Curt Riess, »Mitschuldige sind überall«, *Die Zeit* vom 3. November 1961)

Eine weitere Erklärung des Erfolgs von Frischs Stücken in der jungen Bundesrepublik mag auch darin liegen, dass das Andorra- wie auch das Biedermann-Modell nicht etwa der gespaltenen Gesellschaft der Weimarer Republik oder des NS-Regimes entsprach, sondern der aktuellen bürgerlichen Demokratie, wie sie die Schweiz oder die Bundesrepublik Deutschland darstellten. Damit galt die Frage nicht etwa der historischen Genese des Nationalsozialismus, sondern vielmehr den je aktuellen Möglichkeiten inmitten einer modernen bürgerlichen Gesellschaft.

Frischs Romane

Anders als die Dramen wurden in der Bundesrepublik Frischs Romane aufgenommen. Ihrer Thematik entsprechend lösten sie weniger zeitgeschichtlich-gesellschaftliche Debatten aus, sondern legten das Augenmerk auf allgemeinere existentielle Fragen des modernen Menschen. Nicht zuletzt dies begründete ihren nachhaltigen Erfolg. Dabei waren auch sie weit von Nullpunktforderungen entfernt, indem sie in den Erzähltechniken problemlos an die klassische Moderne anschlossen, namentlich der *Stiller* oder der *Gantenbein*-Roman. Nicht zufällig zog eine Rezension des *Gantenbein* aus Genf eine ausdrückliche Verbindung zur Theorie des »nouveau roman« von Alain Robbe-Grillet: »Il semble que Max Frisch ait (peut-être) à son insu écrit l'œuvre que son émule français décrit.« (»Es scheint, als habe Frisch (vielleicht) unwissentlich jenes Werk geschrieben, das sein französischer Nacheiferer beschreibt.« Übers. A. K.) (*Journal de Genève*, 25./26. September 1965)

Thematisch wiederum waren die Romane auf der Höhe der existentialistischen 1950er Jahre: Identität, Liebe, Tod – und: die Angst. Als einen »Dichter der Angst« porträtierte ihn nicht zufällig Marcel Reich-Ranicki in seiner ersten Rezension zu Frisch 1963 in der *Neuen Rundschau*. Die Kategorien, in denen er Frisch dort wahrgenommen hatte, waren die des Existentialismus.

Existentialismus

»Max Frisch ist ein Dichter der Angst. [...] Von der Angst gequält, fliehen die Geschöpfe Frischs aus ihrem bisherigen Lebensbereich und leugnen ihre Identität – wie Jürg Reinhart in dem Roman *Die Schwierigen oder J'adore ce qui me brûle*, wie der Bildhauer Anatol Ludwig Stiller. Von Angst getrieben, revoltieren sie gegen Gesetz und Ordnung.« (Marcel Reich-Ranicki, »Der Dichter der Angst«; Reich-Ranicki 1991, S. 14 f.)

In der Folge wurde Reich-Ranicki, der Frisch im Oktober 1964 in Hamburg kennenlernte, einer seiner prominentesten Rezensenten. Der Anfang war aufsehenerregend: Am 18. September 1964 publizierte Hans Mayer eine kritische Rezension zum *Gantenbein* in *Die Zeit*, die den Roman mit gewundenen Argumenten vor allem formal als misslungen kritisierte. Zwei Wochen darauf meldete sich Reich-Ranicki ebenfalls in der *Zeit* zu Wort – mit einer vehementen Verteidigung des *Gantenbein*, zusammen mit dem *Stiller*: »Beide Romane gehören zweifel-

Frisch beim Signieren mit Siegfried Unseld, Frankfurter Buchmesse, 1976

los zu den wichtigsten Dokumenten der deutschen Literatur der fünfziger Jahre [...].« (Reich-Ranicki 1991, S. 42) Dieses »Plädoyer für den Gantenbein« (ebd., S. 105) war der Anfang einer freundschaftlichen Bekanntschaft, die Frisch dankbar annahm und von Reich-Ranicki weitergeführt wurde in seinen Rezensionen des zweiten Tagebuchs und – hymnisch – des *Montauk* in der FAZ am 7. Oktober 1975. Die Abkühlung folgte allerdings: Der *Holozän* missfiel Reich-Ranicki so sehr, dass er das Buch bewusst nicht rezensierte, und die Erzählung *Blaubart*, deren Inhalt ihm Frisch bei einem Besuch im Mai 1980 an der Stockerstraße in Zürich schilderte, hatte ihn »nachgerade entsetzt« (ebd., S. 108), was er auch in einer Rezension in der FAZ am 3. April 1982 kundtat, zur großen Enttäuschung Frischs. Von da an war das Verhältnis zwischen dem »Klassiker inmitten der Gegenwart« und einem seiner wichtigsten Kritiker »kühl, ja frostig« (ebd., S. 109). Symptomatisch für die Wahrnehmung Frischs in Deutschland – auch nach seinem Tod – ist dennoch Reich-Ranickis Bilanz seiner bleibenden Bücher aus dem Jahr 1991: Nicht die zeithistorischen Dramen, sondern die zeitenthobeneren Romane, »den Stiller und den Homo faber, den Gantenbein und den Montauk und, nicht zuletzt, die beiden Tagebücher«, nahm er in den literarischen Kanon auf (ebd., S. 110).

Im »Osten«: DDR und UdSSR (1965-1991)

Es liegt auf der Hand, dass Frisch in der ideologisch gespaltenen Welt des Kalten Krieges in den sozialistischen Ländern anders als im »Westen« gelesen wurde. Wo die Vorgabe für die Literatur die Darstellung des Klassenkampfes im Sinn des sozialistischen Realismus war, ein beträchtlicher Teil der westeuropäischen Literatur dagegen als »ästhetizistisch«, »dekadent« und »bourgeois« abgewertet wurde, mussten Frischs Texte notwendig ambivalent erscheinen: Positive Aufnahme fanden in der Regel seine politisch lesbaren Stücke, kontroverser dagegen war die Rezeption der an die klassische Moderne anschließenden Romane sowie der Tagebücher mit ihren kritischen Passagen zum Staatssozialismus.

In der DDR war Frisch, anders als etwa Brecht, keineswegs ein

Klassiker. Zwar erschienen dort seit den sechziger Jahren zahlreiche seiner Stücke und Romane, dennoch passierten sie die offiziellen staatlichen Hürden (wie das Zentralkomitee der SED) nicht problemlos. Den Anfang machte 1965 der Band *Stücke* (erweitert 1981, erschienen bei Reclam Leipzig), gefolgt von Einzelausgaben sowie 1980 dem Band *Erzählende Prosa 1929-1979* im Verlag Volk und Welt. Der Verlag plante jedoch einen anderen Text als erste Veröffentlichung Frischs: Bereits für

Stiller

1962 war der *Stiller* vorgesehen. Dass der Roman tatsächlich erst 1975 erscheinen konnte, zeigt beispielhaft die Ambivalenz, mit der Frisch in der DDR von offizieller Seite begegnet wurde. Diesem Plan stellten sich nämlich bald Einwände entgegen: gegen die Zitate von Kierkegaard wie überhaupt gegen das dem Realismus-Postulat entgegenstehende Möglichkeitsspiel. Allerdings tat sich noch ein anderes Hindernis auf: Der vorgesehene Verfasser des Nachwortes, Hans Mayer, der 1948 in die sowjetische Besatzungszone gegangen und Literaturwissenschaftler in Leipzig geworden war, hatte sich 1963 in die Bundesrepublik abgesetzt. Doch auch der inhaltliche Vorbehalt gegenüber *Stiller* ist symptomatisch. Er bestätigte sich 1966 auch beim *Gantenbein*-Roman, indem nicht nur die Figur selbst als Inbegriff des realitätsfernen dekadenten Westbürgers erschien, sondern von ihr auch auf Frisch geschlossen wurde: »Max Frisch weiß, daß er einer dieser Gantenbeins ist.« (zit. n. Lokatis 2006, S. 52) Frisch wiederum karikierte solchen Staats- und Beamtenkommunismus bereits zuvor im *Homo faber* in der Figur des Kommunisten Piper, den Hanna anstelle von Faber geheiratet hatte: »Herr Piper war eine Enttäuschung, weil kein Kommunist, sondern Opportunist. Wie Hanna sagt: linientreu bis zum Verrat, neuerdings bereit, Konzentrationslager gutzufinden.« (GW IV, S. 144) In der DDR musste man unter anderem über diesen Schatten springen, als der Roman 1973 gedruckt wurde. Noch schwieriger waren die Tagebücher, die in ihren gegenüber dem Staatssozialismus kritischen Passagen die offizielle DDR vor Probleme stellte; unter dem Titel *Aus einem Tagebuch und Reden* (1974) erschien daher nur eine selektive Ausgabe.

Im Gegensatz zur offiziellen Position der SED, mit dem ein

Verlag wie Volk und Welt sich zu arrangieren hatte, konnten Autorenkollegen Frisch deutlich offener aufnehmen, wie das Beispiel Christa Wolf zeigt, die Frisch 1968 beim Schriftstellerkongress in der Sowjetunion kennengelernt hatte und seitdem mit ihm befreundet war. Zwar vertrat sie unter anderem als Vorstandsmitglied des Schriftstellerverbandes der DDR 1955 bis 1977 auch linientreue Positionen, doch zeigt ihre Lektüre etwa des *Gantenbein* Alternativen zur bloßen Angst vor dem Nicht-Realistischen. In *Nachdenken über Christa T.* (1968) schloss sie vielmehr an die Möglichkeitsliteratur *Gantenbeins* an und erprobte dabei eine mit dem Sozialismus zu vereinbarende Poetik, die im Spiel bewusster Fiktionen die Freiheit verwirklichen wollte, wie sie auch 1976 in einem Essay über Frisch betonte: Mit dem Möglichen »wehrte Max Frisch sich lebenslang gegen das stillschweigende Übereinkommen mit den gegebenen Verhältnissen, gegen das Verschlungenwerden«. (ÜMF II, S. 17)

»Paradoxerweise führt gerade seine Weigerung, an einen Sinn, also eine innere Notwendigkeit des So-und-nicht-anders zu glauben, nicht zu Überdruß, Ekel, Langeweile, sondern zu einer Nüchternheit, die Energie freisetzt, und zu Einsicht in eine Aufgabe, der er sich nun als einem *Auftrag* unterzieht: Gegenbilder aufstellen gegen die ungeheuerlichen Deformationen von Menschen in dieser Zeit.« (Christa Wolf, »Max Frisch beim Wiederlesen oder: Vom Schreiben in der Ich-Form«; ÜMF II, S. 17)

Sowjetunion

Strukturell vergleichbar mit der Rezeption Frischs in der DDR war seine Wahrnehmung in der Sowjetunion, wo er ebenfalls seit Mitte der sechziger Jahre übersetzt wurde. Man lobte ihn als »westlichen Realisten der Gegenwart« (Pavlova 1965, S. 14) vor allem für seine Dramen. Seine Romane und Tagebücher wurden dagegen mit Argusaugen gelesen, da sich in ihnen auch der westliche bourgeoise Irrealist entdecken ließ. Den Anfang machten die Theaterstücke. 1965 wurde *Biedermann und die Brandstifter* erstmals am Moskauer »Theater der Satire« aufgeführt; es sollte in der UdSSR das meistgespielte Stück Frischs werden. Doch auch die meisten anderen Stücke wurden gespielt, 1966 etwa *Don Juan*, jedoch nicht *Andorra*, das erst kurz vor dem Ende der Sowjetunion zu sehen war. Auch im

Dramen-Auswahlband von 1970 fehlte, neben dem Stück *Die Chinesische Mauer*, auffälligerweise *Andorra*. Der Grund liegt darin, dass sich zwar die meisten Stücke in ihrer »antifaschistischen« Botschaft (Pavlova 1965, S. 14) lobend hervorheben ließen, namentlich *Biedermann und die Brandstifter;* doch der Antisemitismus, wie er in *Andorra* thematisiert wurde, schien tabuisiert (Göbler 1991, S. VII). Nicht problemlos über die Bühne ging aber auch die überraschend frühe Inszenierung des *Don Juan* (1966), dem die ideologisch motivierten Schlagworte »Individualismus« und »Pessimismus« als Einwände gegen einen verfehlten Realismus entgegengehalten wurden. Erwartbare Ambivalenz galt zudem auch hier den Tagebüchern, in deren Edition etwa die Passagen über Frischs Reise in die Sowjetunion nicht aufgenommen wurden, die eine satirische Kritik des sowjetischen Staatssozialismus und der Sowjetführung um Leonid Breschnew enthalten; aber auch Frischs kritische Äußerungen im Kontext des Prager Frühlings führten zu einer Zurückhaltung ihm gegenüber (Göbler 1991, S. IX).

Ambivalenz galt auch Frischs Romanen, die sämtliche ins Russische übersetzt und mehrfach aufgelegt wurden, mit minimalen Zensureingriffen: 1966 *Homo faber*, 1972 *Stiller*, 1975 *Mein Name sei Gantenbein*. Wieder war es insbesondere der *Gantenbein*-Roman, an dem sich Kritik entzündete. Das »Unvermögen, ein anderes als ein erdachtes Leben zu führen«, stand dem Realismuspostulat entgegen und musste als »politische Indifferenz« ausgedeutet werden (Pavlova 1965), gar als »Modernismus« und damit Zeugnis eines deformierten künstlerischen Denkens. So erschien Frisch in seinen Romanen als bürgerlicher Kritiker einer bürgerlichen Welt, der die Abhilfe gegen sie nicht gefunden hat.

> »Frisch sieht nüchtern die Mängel der bürgerlichen Zivilisation. Der kleinbürgerliche Egoismus ist ihm zuwider, die Philosophie des amerikanischen westlichen Spießers – der Glaube an Komfort, Technik und gemäßigten Fortschritt – stößt ihn ab. Aber er hat dieser Philosophie nichts entgegenzuhalten [...].« (Tamara Motyleva, »Max Frisch: Homo faber, Mein Name sei Gantenbein 1966«; Göbler 1991, S. 21)

Überblickt man den Verlauf der Rezeption von Frischs Werk in der Sowjetunion, so zeigt sich ein differenziertes Bild: Einer regen Übersetzungs- und Publikationstätigkeit steht eine in ihren Möglichkeiten beschränkte, ideologisch grundierte Literaturkritik gegenüber, die in Frisch letztlich »dennoch eher einen Träumer, einen romantischen Moralisten« (Dimitrij Zatonskij, zit. n. Göbler 1991, S. 143) sah.

Im »Westen«: USA und Israel seit 1958

Die Aufnahme Frischs in den USA erfolgte unter grundsätzlich anderen Prämissen als im deutschsprachigen Europa oder aber in sozialistischen Ländern. In den USA war Frisch nicht zuerst mit Dramen in Erscheinung getreten, sondern mit den Übersetzungen der Romane *Stiller* (1958) und *Homo faber* (1959). Er erlangte damit zwar Zustimmung, aber keine große Aufmerksamkeit, wie etwa der amerikanische Kulturkorrespondent Hans Sahl am 20. Februar 1963 der NZZ aus New York berichtete: »Max Frisch ist in Amerika bisher nicht recht zur Geltung gekommen. Seine beiden Romane ›Stiller‹ und ›Homo faber‹ teilten das Schicksal, das vielen europäischen Büchern beschieden war, die nicht mit dem hierzulande üblichen Werbeaufwand auf den Markt geworfen wurden: geschätzt und bewundert von einer Lesergemeinde, die sich an Kafka, Broch, Musil orientierte, wurden sie vom ›großen‹ Publikum nur am Rande zur Kenntnis genommen.« Offensichtlich richtig an dieser Einschätzung war auch das Maß, an dem Frisch in den USA gemessen wurde: an den großen Klassikern der Moderne wie Kafka. Die Rezension des *Stiller* in der *Time* vom 21. Mai 1958 zieht exakt diesen Vergleich: Frischs *Stiller* und Kafkas *Schloß*: »[…] what Swiss Novelist Frisch is up to i. e. a sort of Franz Kafka's *Castle* in reverse. […] *I'm Not Stiller* is already a European bestseller and has been hailed as a masterpiece; perhaps it is more accurate to describe it as the first novel

Amerikanische Übersetzung *I'm not Stiller*, 1958

since World War II that has tried to exploit the rich, mixed inheritance handed down by Kafka, Koestler and Mann.«

Als Sahl 1963 in der NZZ den Artikel »Max Frisch in Amerika« schrieb, hatte er allerdings einen anderen Anlass als die Romane. Soeben wurden die beiden erfolgreichsten Stücke Frischs in den USA aufgeführt: *Andorra* und *Biedermann und die Brandstifter*. Die Ankündigung auf dem Plakat war im Superlativ gehalten: »Swiss dramatist Max Frisch, Europe's most important contemporary German-language playwright [...]«. Der Übersetzer der englischen Fassung war kein Geringerer als George Tabori, nachdem bereits 1962 *Three Plays* in Übersetzung von Michael Bullock gedruckt worden war (*The Fire Raisers, Count Oederland, Andorra*). Bei der Premiere von *Andorra* am 9. Februar 1963 am Broadway war Frisch zugegen. Doch das Stück erwies sich ebenso als Misserfolg wie *Biedermann und die Brandstifter*; beide wurden nach wenigen Tagen abgesetzt. Gerade dieser Umstand aber füllte die Feuilletons nicht nur in den USA, sondern auch in der Schweiz und in Deutschland; auch der Artikel von Sahl bezog sich darauf. Seine These: Das parabolische Theater Frischs fordere Denkmitarbeit des Zuschauers, wo der Broadway-Zuschauer nicht belehrt, sondern unterhalten werden wollte. Dazu gab es allein in der NZZ mehrere Gegenthesen. Es antworteten der Journalist und Schriftsteller Hans Habe und Ende Februar 1963 der Intendant und Komponist Rolf Liebermann, der die Aufführungen gesehen und eine andere Erklärung hatte: Frischs Stück passe nicht in die Tradition des »amerikanischen Realismus«, und die schlechte Inszenierung habe ihr Übriges getan. Der »Misserfolg« von *Andorra* füllte die Feuilletons auch in den USA. Einen mit Liebermanns Realismus-These korrespondierenden Grund nannte die *Herald Tribune*: Die symbolisch-allegorische, ja ironische Behandlung eines historischen Faktums

Plakat der Broadway-Aufführung von *Andorra*, Januar 1963

wie des Antisemitismus erscheine befremdlich; die New Yorker Theaterzeitung *Firstnite* kompilierte diese kritischen Einwände gegen Frischs *Andorra* in der Ausgabe vom 18. Februar 1963. Auch wenn Frisch damit als Theaterautor in den USA gescheitert war, so reüssierte er doch als Erzähler. Besonderes Augenmerk richtete sich – nach dem auch kritisch aufgenommenen *Gantenbein* unter dem Titel *A Wilderness of Mirrors* (1966) – auf den *Holozän. Man in the Holocene* (1980) wurde von der *New York Times Book Review* zur wichtigsten Erzählung des Jahres 1980 erkoren.

Frisch in Israel

Die Rezeption Frischs in Israel unterscheidet sich an einem wesentlichen Punkt von seinem Verständnis sowohl in den USA als auch in der UdSSR: In Israel wurde Frischs moralisch-kritische Auseinandersetzung mit Faschismus (in *Biedermann und die Brandstifter*) und Antisemitismus (in *Andorra*) gleichermaßen ernst genommen. Hier standen diese beiden Stücke im Zentrum der Aufmerksamkeit; sie wurden beide inszeniert, zunächst 1959 *Biedermann und die Brandstifter* am Habima-Theater in Tel Aviv, sodann *Andorra* unter großer Beachtung Anfang Februar 1962 am Stadttheater Haifa in hebräischer Übersetzung von Nathan Zach. Dagegen fielen in den USA ausgerechnet diese beiden Stücke durch und in den UdSSR wurde *Andorra* tabuisiert.

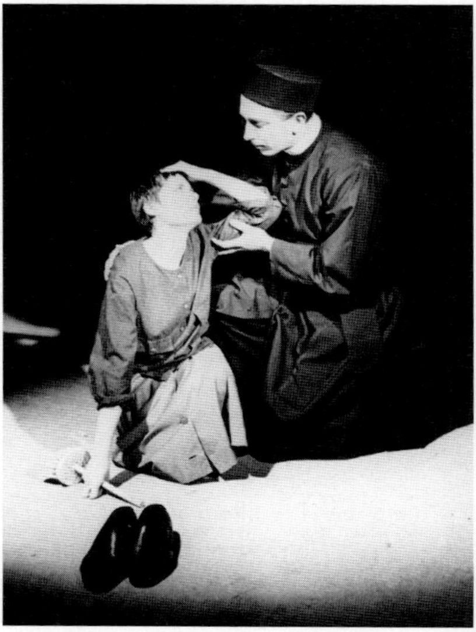

Israelische Uraufführung von *Andorra* am Stadttheater Haifa, 1962

Zusätzliches Gewicht erhielt die israelische Inszenierung von *Andorra* durch ein aktuelles historisches Ereignis: den Jerusalemer Prozess gegen den NS-Massenmörder Adolf Eichmann, der zu dieser Zeit in der Berufungsphase war und im Mai 1962 mit dem Todesurteil enden sollte. Die Rezensenten hoben diesen Aktualitätsbezug von Frischs Stück über den Antisemitismus hervor, aber auch den Umstand, dass *Andorra* hier vor einem Publikum aufgeführt wurde, das zu einem beträchtlichen Teil aus Exilanten aus Nazideutschland sowie Überlebenden der Konzentrationslager bestand, für die die auf der Bühne gespielte Verfolgung höchst real war. Eine Rezension in der deutsch-hebräischen Zeitung *Yedioth Hayom*, die Zeitung der deutschsprachigen Einwanderer, betonte dabei das Wagnis, diesem Publikum die Stereotypisierung des »Juden« vor Augen zu führen, stellte aber auch die zentrale These Frischs, die er von Jean-Paul Sartres *Réflexions sur la question juive* (1946) übernommen hatte, in Frage: die These nämlich, dass das Judentum wesentlich eine Zuschreibung von außen sei.

»Unvermeidlich ist ein wesentliches Manko des Stückes: der versuchte Beweis, daß die Juden gar nicht ›anders‹ sind, sondern zum Anderssein gezwungen wurden, kann in Israel naturgemäß nicht standhalten. Es gibt auch positiv Jüdisches. Wir wollen zwar ein Volk wie alle andren, aber wir selber und keine ›Andorraner‹ sein. Man kann noch so viel betonen, daß nicht nur die Juden gemeint sind, sondern jede Minorität: die Juden werden immer wieder genannt, d. Zuschauer in Israel kann sich nicht durch ›Doppeldenken‹ darüber hinwegsetzen.« (Andorra, in *Yedioth Hayom*, März 1962; Schmitz / Wendt 1978, S. 255)

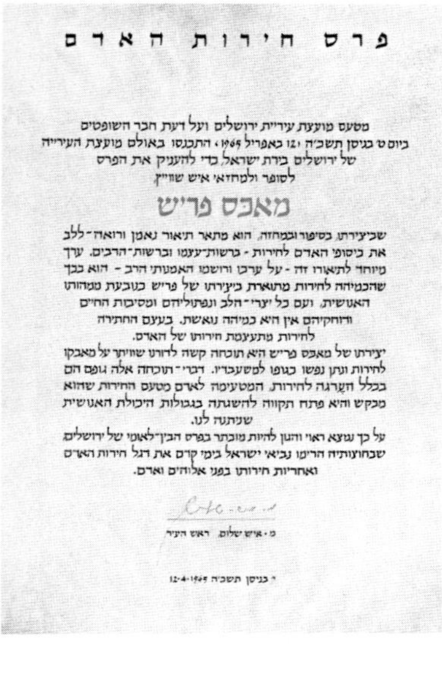
פרס חירות האדם

מטעם מועצת עיריית ירושלים ועל דעת חבר השופטים
ביום ט׳ בניסן תשכ״ה (12 באפריל 1965), התכנסו באולם מועצת העירייה
של ירושלים בירת ישראל, כדי להעניק את הפרס
לסופר ולמחזאי איש שוייץ
מאכס פריש
שביצירתו, בסיפור ובמחזה, הוא מתאר תיאור נאמן ורואה־ללב
את כיסופי האדם לחירות - ברשות־עצמו וברשות־הרבים. ערך
מיוחד לתיאורו זה - על ערכו ורושמו האמנותי הרב - הוא בכך
שהכמיהה לחירות מתוארת ביצירתו של פריש כטבעת ממהותו
האנושית, ועם כל יצרי־הלב ונפתוליהם ומסיבות החיים
ודוחקיהם אין היא כמיהה נואשת. בעצם החתירה
לחירות מתעצמת חירותו של האדם.
יצירתו של מאכס פריש היא תוכחה קשה לדורנו שוויתר על מאבקו
לחירות ונתן נפשו כגופו למשעבדיו. דברי־תוכחה אלה גופם הם
בכלל הערגה לחירות, המטעימה לאדם מטעם החירות שהוא
מבקש והיא פתח תקווה להשגתה בגבולות היכולת האנושית
שניתנה לנו.
על כך נמצא ראוי והגון להיות מוכתר בפרס הבין־לאומי של ירושלים
שבחוצותיה הרימו נביאי ישראל בימי קדם את דגל חירות האדם
ואחריות חירותו בפני אלוהים ואדם.

מ. איש שלום, ראש העיר

י׳ בניסן תשכ״ה 12.4.1965

Urkunde zur Verleihung des Jerusalem-Preises an Frisch, 1965

Auch mit Blick auf *Andorra* wurde Frisch drei Jahre später, im April 1965, mit dem »Jerusalem-Preis für die Freiheit des Menschen in der Gesellschaft« ausgezeichnet, den Frisch in Israel persönlich entgegennahm. In einem Interview in der hebräischsprachigen Zeitung *Davar* vom 11. April 1965 begründete die Dichterin und Sprachwissenschaftlerin Lea Goldberg als Jurymitglied die Auswahl des Preisträgers mit Frischs allgemeinem Einstehen für die »Freiheit des Menschen« wie auch mit seiner klaren Haltung gegenüber Nationalsozialismus und Antisemitismus. Dabei bezog sie sich hauptsächlich auf *Biedermann und die Brandstifter* und *Andorra*, aber auch auf Frischs jüngstes Buch *Mein Name sei Gantenbein*. Die hebräische Übersetzung *Jehi Schmi Gantenbein* folgte allerdings erst 1979, nachdem unter anderem bereits 1963 der *Homo faber* und 1976 *Eineni Stiller* erschienen waren; 1979 folgten *Montauk* und 1984 *Adam be-Holozän*, um nur die wichtigsten hebräischen Übersetzungen zu nennen.

Frisch im Film

Frischs Wirkung beschränkt sich nicht auf die Schrift der Literatur. Sie entfaltete sich auch in anderen Medien: im Hörspiel etwa, mit dem er selber experimentierte, wie auch einige seiner Texte von anderen ins Hörspiel transponiert wurden, darunter die preisgekrönte Umsetzung des *Gantenbein*-Romans durch Rudolf Noelte 1966 (2006 als CD). Noch vielfältiger, wenn auch nicht erfolgreicher, waren Frischs Bezüge zum Bildmedium des Films. In der Tat ist Frischs literarisches Schaffen von einer Reihe von Filmprojekten gesäumt. Dabei war seine Beziehung zum Film zwar von Neugierde geleitet, doch wurde er auch mit den Schwierigkeiten konfrontiert, die sich bei der filmischen Umsetzung von literarischen Texten ergeben. »Wenn ich jünger wäre, würde ich eine Zeitlang als Kameramann arbeiten, um diese Tätigkeit kennenzulernen – und für den Film schreiben, nicht Literatur schreiben, die dann verfilmt wird« (Scheffler 1986, S. 469), so Frisch 1986 in einem Interview.

> »[...] was Frischs Verhältnis zum Film ein Leben und ein Œuvre lang prägen sollte: eine seltsame Ambivalenz und Distanz, Faszination und Nonchalance, Über- und Unterschätzung. Biographisch hat es sich niedergeschlagen in einem fast fatalen Mangel an Fortune im Umgang mit dem Medium, und zwar weit über die an und für sich problematische Beziehung zwischen Literatur und Film hinaus.« (Alexander J. Seiler, »Zu filmisch für den Film«; JMF, S. 128)

Dokumentarische Filme

Zwei Arten von Frisch-Filmen liegen vor: zum einen literarische Verfilmungen, zum zweiten dokumentarische Filme, »die Dritte nicht sosehr über ihn als mit ihm geschaffen haben« (JMF, S. 133). Dazu gehören drei bemerkenswerte Vorhaben: 1981 drehte Richard Dindo den Film *Max Frisch, Journal I-III*, der, von *Montauk* und den *Tagebüchern 1946-1949* sowie *1966-1971* ausgehend, Ausschnitte aus diesen Texten mit Foto- und Fernsehdokumenten collagiert. 1985/86 wiederum drehte der Regisseur Philippe Pilliod unter dem Titel *Gespräche im Alter*

Dreharbeiten zu *Gespräche im Alter* in Berzona, 1985

mit Frisch in Berzona und Zürich einen Film, »den Frisch selbst als sein eigentliches essayistisches Vermächtnis betrachtete« (JMF, S. 134). 2008 schließlich legte der Regisseur Matthias von Gunten den biographisch-politischen Filmessay *Max Frisch – Citoyen* vor, in dem neben Frisch-Tondokumenten auch Zeitgenossen zu Wort kommen, darunter Schriftstellerkollegen wie Peter Bichsel, Günter Grass und Christa Wolf, aber auch Politiker wie Henry Kissinger und Helmut Schmidt.

Literaturverfilmung

Ungleich schwieriger ist das Kapitel der Literaturverfilmung von Frisch-Texten. Optionen darauf vergab Frisch schon seit Ende der fünfziger Jahre, namentlich auf *Homo faber*, auf den Paramount Pictures für den US-amerikanischen Filmschauspieler Anthony Quinn als Faber die Hand hatte. In den achtziger Jahren machte sich Frisch gemeinsam mit Pilliod an eine eigene Drehbuchfassung, um diese Filmschaffenden anzubieten – erfolglos zwar, aber mit aufschlussreichen Absagen, wie etwa diejenige vom 13. August 1982 von Michael Cacoyannis, dem Regisseur von *Alexis Sorbas* (1964), in der er Frisch avancierte Filmideen zur Umsetzung des Stoffes vorschlug. Als die

Optionen 1988 an Frisch zurückfielen, meldete sich umgehend der deutsche Filmregisseur und -produzent Volker Schlöndorff, der nach zahlreichen Gesprächen mit Frisch, über die er ein Journal führte, bereits im Sommer 1989 ein Drehbuch für eine Verfilmung des *Homo faber* vorlegte. Als die Dreharbeiten begannen, erfuhr Frisch von seiner Krebserkrankung; am 20. Januar 1991 konnte er dennoch die erste Aufführung des Films in Zürich sehen, der im März in die Kinos kam.

Volker Schlöndorff

Die Rezensionen waren vielfach ambivalent bis ablehnend. Die NZZ etwa schrieb am 12. April 1991, Schlöndorff liefere »eine brave Nacherzählung des Romans, die der Einfachheit halber die bruchstückhafte Textur zu einem linearen Handlungsgerüst zusammensetzt [...]«, wodurch er die komplexe Erzählweise nivelliere. Diese Anpassung an den amerikanischen Filmplot werde dem Film »zum Verhängnis«, »weil die tragische Inzestgeschichte, befreit vom künstlerischen Gestaltungswillen und reduziert auf die ›nackten‹ Tatsachen, unweigerlich in die Banalität abgleitet«. Aus dem »homo faber« werde so ein »homo factus«, d. h. »ein Mensch, dessen Weg vorgezeichnet ist« (ebd.).

Bild aus dem Spielfilm *Holozän*, 1992

Schlöndorffs *Homo Faber* war keineswegs die einzige Literaturverfilmung von Frisch-Texten. Ihr folgte der Film *Holozän* von Heinz Bütler und Manfred Eicher, dessen Drehbuch Frisch noch gutgeheißen hatte, ohne jedoch das fertige Produkt sehen zu können. Der Film wurde 1992 beim Internationalen Filmfestival von Locarno – unweit des Handlungsortes – mit dem Spezialpreis der Jury ausgezeichnet. Schon vor diesen beiden Spielfilmen entstanden auch zwei Fernsehproduktionen: Bereits 1976 verfilmte Georg Radanowicz für den Norddeutschen Rundfunk und das Schweizer Fernsehen die aus dem Tagebuch stammende *Skizze eines Unglücks* (*Das Unglück*), und Frischs letzte Erzählung *Blaubart* wurde 1984 durch Krzysztof Zanussi im Auftrag des Westdeutschen Rundfunks wie des Schweizer Fernsehens verfilmt – beide ohne große und gute Resonanz. Als gescheiterten Versuch muss zudem auch die 1965 gestartete Verfilmung einer Episode aus dem *Gantenbein*-Roman gelten; die »Skizze« des Films erschien 1966 als Buchausgabe unter dem Titel *Zürich-Transit*. Erst 1992 wurde das Filmprojekt unter der Regie von Hilde Bechert realisiert. Die Literaturverfilmungen haben sich als schwierig erwiesen; die dokumentarischen Filmporträts über und mit Frisch allerdings zeigen ihn noch späteren Generationen, die ihn primär als »toten« Schulbuchklassiker kennengelernt haben, als eine lebendige Gestalt.

Dreharbeiten zu *Zürich-Transit*: Ernst Schröder, Richard Münch und Max Frisch auf der Münsterbrücke in Zürich, 1965

»Wie tot ist Max Frisch? Sehr tot, sagen jene Lehrer, die ihn nur knurrend im Unterrichtsprogramm führen. Sehr fern, ist vielleicht von jenen zu hören, die sich im planetarischen Gelächter des Antipoden Dürrenmatt darin bestätigt fühlen, die Welt steuere auf die schlimmstmögliche Wendung zu. Andere aber vermissen einen Max Frisch dringend als politisch geerdete Stimme in einer Zeit, in der Parteipropagandisten als Intellektuelle gelten.« (Martin Walder, »Besichtigung eines Monuments«, NZZ am Sonntag, 27. Januar 2008)

Anhang

Zeittafel

1911 15. Mai: Max Frisch wird in Zürich geboren, als jüngster Sohn von Franz Bruno Frisch (1871-1932) und Karolina Bettina Frisch, geb. Wildermuth (1875-1966). Er hat zwei Geschwister, die Halbschwester Emma Elisabeth (1899-1972) und den Bruder Franz Bruno (1903-1978).

1924-1930 Schüler am Kantonalen Realgymnasium Rämibühl in Zürich.

1930-1933 Studium der Germanistik sowie Besuch von Vorlesungen in Philosophie, Kunstgeschichte und Gerichtsmedizin an der Universität Zürich.

1931 Erste Veröffentlichung *Mimische Partitur* in der *Neuen Zürcher Zeitung* (NZZ). Rekrutenschule in Thun.

1932 19. März: Tod des Vaters. Anfang von journalistischer Arbeit als freier Mitarbeiter, unter anderem bei der NZZ.

1933 Studienunterbrechung und Reise durch Ost- und Südosteuropa, die er sich durch Reisefeuilletons finanziert. Stationen sind unter anderem Prag, Budapest, Istanbul, Dubrovnik, Delphi.

1934 Erster Roman *Jürg Reinhart. Eine sommerliche Schicksalsfahrt* erscheint in Deutschland. Beziehung zur deutschen Jüdin Käte Rubensohn, die er im Studium kennenlernt. Abbruch des Studiums.

1935 April und Dezember: Reisen in das nationalsozialistische Deutschland gemeinsam mit Käte Rubensohn, deren Eltern in Berlin leben. Bericht für die NZZ.

1936-1940 Studium der Architektur an der Eidgenössischen Technischen Hochschule (ETH) in Zürich.

1937 *Antwort aus der Stille. Eine Erzählung aus den Bergen* erscheint in Deutschland. Danach fasst Frisch den Entschluss, die Schriftstellerei aufzugeben, und verbrennt alles bisher Geschriebene, ausgenommen den Briefwechsel mit seiner Mutter.

1938 Conrad-Ferdinand-Meyer-Preis. – Trennung von Käte Rubensohn.

1939-1945 Frisch wird zum Militärdienst eingezogen und leistet als Kanonier im Tessin und Engadin 650 aktive Diensttage.

1939 Wiederaufnahme der Schriftstellerei.

1940 *Blätter aus dem Brotsack*, geschrieben im Militärdienst, erscheint in Zürich. – August: Während eines Urlaubs vom Militärdienst schließt Frisch sein Studium mit dem Diplom in Architektur ab.

1941 Anstellung in Architekturbüros, wo Frisch Gertrude (Trudy) Anna Constanze von Meyenburg kennenlernt.

1942 30. Juli: Heirat mit Trudy von Meyenburg.

1943 Gewinner eines Architekturwettbewerbs für den Bau des Freibads Letzigraben (das erst nach dem Krieg, 1947-1949, erbaut wird). – Gründung eines eigenen Architekturbüros. – Erscheinen des dritten Romans *J'adore ce qui me brûle oder Die Schwierigen*. – 9. Juni: Geburt der Tochter Ursula.

1944 Frisch verfasst auf Anregung des Dramaturgen des Zürcher Schauspielhauses, Kurt Hirschfeld, sein erstes Drama, *Santa Cruz. Eine Romanze*, das den Dramenpreis der Welti-Stiftung erhält (es wird am 7. März 1946 uraufgeführt). – 25. November: Geburt des Sohnes Hans Peter.

1946 Reisen in das vom Krieg zerstörte Deutschland sowie nach Italien und Frankreich. Eindrücke der Reise im *Tagebuch mit Marion* (1947). – 7. März: Uraufführung von *Santa Cruz* am Schauspielhaus Zürich. – 19. Oktober: Uraufführung von *Die Chinesische Mauer* am Schauspielhaus Zürich.

1947 Begegnung mit Bertolt Brecht und Peter Suhrkamp, der bis zu seinem Tod 1959 Frischs Verleger ist. Frisch bleibt dessen Verlag zeitlebens treu. – Erneute Reisen nach Deutschland und Italien. – Bekanntschaft mit Friedrich Dürrenmatt.

1948 Reisen unter anderem nach Polen. – August: Teilnahme am Friedenskongress »Congrès Mondial des Intellectuels pour la Paix« in Breslau. – Besuch des ehemaligen Ghettos in Warschau.

1949 8. Januar: Uraufführung von *Als der Krieg zu Ende war* am Schauspielhaus Zürich. – 17. Mai: Geburt der Tochter Charlotte. – 17. Juni: Eröffnung des Freibads Letzigraben.

1950 *Tagebuch 1946-1949* erscheint als eine der ersten Veröffentlichungen des neu gegründeten Suhrkamp Verlags in Frankfurt / M. – Herbst: Reise nach Spanien.

1951 10. Februar: Uraufführung von *Graf Öderland* am Schauspielhaus Zürich.

1951/52 Ein Stipendium der Rockefeller-Stiftung ermöglicht Frisch einen einjährigen Aufenthalt in den USA (vor allem New York, aber auch Chicago, San Francisco, Los Angeles) und eine Reise nach Mexiko. – Arbeit an *Stiller* und *Don Juan*. – Nach der Rückkehr: Beziehung mit Madeleine Seigner.
1953 26. März: Hörspiel *Herr Biedermann und die Brandstifter* im Bayerischen Rundfunk (BR). – 16. Juni: *Rip van Winkle* im BR. – 5. Mai: Uraufführung *Don Juan* am Schauspielhaus Zürich. – Kritische Stellungnahmen zu Fragen des Städtebaus.
1954 *Stiller* erscheint im Suhrkamp Verlag. – Ende des Jahres: Frisch verlässt seine Familie und zieht nach Männedorf.
1955 Beteiligung an *achtung: die Schweiz*. – Das Hörspiel *Der Laie und die Architektur* wird ausgezeichnet. – Frisch verkauft sein Architekturbüro an einen Mitarbeiter und wird freier Schriftsteller. – Letzte Begegnung mit Brecht in Berlin, erste Begegnung mit Günter Grass in Zürich.
1956 Vortrag *Why don't we have the cities we need?* an der International Design Conference in Aspen, Colorado. – Aufenthalte in Kuba und Mexiko.
1957 Mai: Reise nach Griechenland mit Madeleine Seigner. – Herbst: *Homo faber. Ein Bericht* erscheint.
1958 29. März: Uraufführung von *Biedermann und die Brandstifter* am Schauspielhaus Zürich. – Georg-Büchner-Preis sowie Literaturpreis der Stadt Zürich. – Frisch lernt Ingeborg Bachmann kennen.
1959 Scheidung der Ehe mit Trudy Frisch-von Meyenburg; Hepatitis-Erkrankung.
1960 Reise nach New York. – Wohnsitz in Rom mit Bachmann, wobei er auch nach dem Ende der Beziehung 1962 in Rom bleibt. Wohnsitze zugleich auch in Männedorf und Uetikon am Zürichsee.
1961 2., 3., 4. November: Uraufführung von *Andorra* am Schauspielhaus Zürich.
1962 Preise, unter anderem Ehrendoktor der Universität Marburg. – Bekanntschaft in Rom mit der Studentin Marianne Oellers.
1964 *Mein Name sei Gantenbein*, in Rom entstanden, erscheint. – Kauf eines Landhauses in Berzona im Tessin.

1965 April: Reise nach Israel, Entgegennahme des »Man's Freedom-Prize« der Stadt Jerusalem. – 15. Mai: Einzug in Berzona. – Arbeit am Filmprojekt *Zürich-Transit.*
1966 Reise in die Sowjetunion und Polen. – »Zürcher Literaturstreit«: ausgelöst durch Frischs Entgegnungen auf Emil Staigers Rede *Literatur und Öffentlichkeit.*
1968 Eheschließung mit Marianne Oellers. – 1. Februar: Uraufführung von *Biografie: Ein Spiel* am Schauspielhaus Zürich. – Erneute Reise in die Sowjetunion, Bekanntschaft mit Christa Wolf.
1969 Reise nach Japan.
1970 Reise in die USA, Besuch im Weißen Haus bei Henry Kissinger gemeinsam mit Siegfried Unseld. – Austritt aus dem Schweizerischen Schriftsteller-Verband und Mitgründung der »Gruppe Olten«.
1971 Mai: Reise in die USA, Vorlesungen an der Columbia University, New York. – Veröffentlichung von *Wilhelm Tell für die Schule.*
1972 Das *Tagebuch 1966-71* erscheint. – Wohnung in West-Berlin.
1974 *Dienstbüchlein* erscheint. – Erneuter Aufenthalt in den USA, Ehrenmitglied der »Academy of Arts and Letters« und des »National Institute of Arts and Letters«. – Bekanntschaft mit Alice Locke-Carey.
1975 *Montauk. Eine Erzählung* wird publiziert. – Reise nach China in der Delegation des deutschen Bundeskanzlers Helmut Schmidt.
1976 *Gesammelte Werke in zeitlicher Folge* (hrsg. von Hans Mayer) zum 65. Geburtstag. – Friedenspreis des Deutschen Buchhandels.
1978 *Triptychon. Drei szenische Bilder* erscheint als Buch (deutsche Uraufführung am 1. Februar 1981 in Wien).
1979 *Der Mensch erscheint im Holozän. Eine Erzählung* erscheint nach langjähriger Arbeit am Manuskript. – Frischs Ehe mit Marianne Frisch wird geschieden.
1980 Erwerb eines Loft in New York, das zeitweise Frischs Wohnsitz ist. – Erneute Begegnung mit Alice Locke-Carey, die, ihrerseits geschieden, bis 1983 mit Frisch zusammenlebt.

1981 Gründung des Max Frisch-Archivs an der ETH Zürich. – November: Poetikvorlesungen am New York City College.
1982 *Blaubart. Eine Erzählung* wird veröffentlicht. – Totenrede auf Peter Noll, mit dem er zuvor in Ägypten war und Gespräche über den Tod führte.
1983 Umzug in die Stadelhoferstraße in Zürich, Frischs letzte Wohnung. – Beziehung mit Karin Pilliod-Hatzky.
1987 Februar: Teilnahme am »Forum für eine atomwaffenfreie Welt und das Überleben der Menschheit« in Moskau.
1989 Veröffentlichung von *Schweiz ohne Armee? Ein Palaver* im Kontext der Initiative für eine Schweiz ohne Armee. – Bühnenversion *Jonas und sein Veteran* wird in Zürich (19. Oktober) und Lausanne (24. Oktober) uraufgeführt.
1990 Mai: Frisch erfährt von seiner Krebserkrankung.
1991 4. April: Frisch stirbt knapp einen Monat vor seinem achtzigsten Geburtstag in seiner Wohnung in Zürich.

Bibliographie

Frischs Werke mit Siglen

Zitiert wird nach der Ausgabe Max Frisch: Gesammelte Werke in zeitlicher Folge 1931-1985. Hrsg. von Hans Mayer unter Mitwirkung von Walter Schmitz. 7 Bde. Frankfurt/M. 1986.

GW I Band 1: 1931-1944. Kleine Prosaschriften. Blätter aus dem Brotsack. Jürg Reinhart. Die Schwierigen oder J'adore ce qui me brûle. Bin oder die Reise nach Peking

GW II Band 2: 1944-1949. Santa Cruz. Nun singen sie wieder. Die Chinesische Mauer. Als der Krieg zu Ende war. Kleine Prosaschriften. Tagebuch 1946-1949

GW III Band 3: 1949-1956. Graf Öderland. Don Juan oder Die Liebe zur Geometrie. Kleine Prosaschriften. Der Laie und die Architektur. achtung: die Schweiz. Stiller. Rip van Winkle

GW IV Band 4: 1957-1963. Homo faber. Kleine Prosaschriften. Herr Biedermann und die Brandstifter. Biedermann und die Brandstifter. Mit einem Nachspiel. Die große Wut des Philipp Hotz. Andorra

GW V Band 5: 1964-1967. Mein Name sei Gantenbein. Kleine Prosaschriften. Zürich-Transit. Biografie: Ein Spiel

GW VI Band 6: 1968-1975. Tagebuch 1966-1971. Wilhelm Tell für die Schule. Kleine Prosaschriften. Dienstbüchlein. Montauk

GW VII Band 7: 1976-1985. Kleine Prosaschriften. Triptychon. Der Mensch erscheint im Holozän. Blaubart

Weitere Werke, Briefe und Dokumente von Frisch

AS Max Frisch: Antwort aus der Stille. Frankfurt/M. 2009.

FDB Max Frisch / Friedrich Dürrenmatt: Briefwechsel. Hrsg. von Peter Rüedi. Zürich 1998.

FJB Max Frisch / Uwe Johnson: Briefwechsel 1964-1983. Hrsg. von Eberhard Fahlke. Frankfurt/M. 1999.

EDT Max Frisch: Entwürfe zu einem dritten Tagebuch. Hrsg. und mit einem Nachwort von Peter von Matt. Berlin 2010.

IA Heinz Ludwig Arnold: »Was bin ich?« Über Max Frisch. Göttingen 2002. (basierend auf Interviews mit Max Frisch)

IH Interview mit Volker Hage. In: Volker Hage: Max Frisch. Reinbek bei Hamburg 2006. (Es handelt sich um verschiedene Interviews mit Frisch von 1981 / 82, die Hage in seiner Monographie zitiert.)

JMF jetzt. max frisch. Mit Texten von Max Frisch u. a. Hrsg. von Luis Bolliger, Walter Obschlager, Julian Schütt. Frankfurt/M. 2001.

JS Jetzt ist Sehenszeit: Briefe, Notate, Dokumente 1943-1963. Hrsg. und mit einem Nachwort versehen von Julian Schütt. Frankfurt/M. 1998.

MFT Max Frisch (15. Mai-4. April 1991). Totenfeier in der Kirche St. Peter, Zürich, am 9. April 1991. Ansprachen von Karin Pilliod-Hatzky, Michel Seigner, Peter Bichsel. Hrsg. von der Max Frisch-Stiftung. Zürich 1991.

PE Max Frisch: Partei ergriffen. In: Jakob Bührer zu Ehren. Eine Dokumentation. Unter Mitarbeit von Walter M. Diggelmann, Max Frisch, Alfred A. Häsler, Adolf Muschg, Hansjörg Schneider und Rolf Wespe. Hrsg. von Dieter Zeller. Basel 1975, S. 43.

SH Max Frisch: Schweiz als Heimat? Versuche über 50 Jahre. Hrsg. und mit einem Nachwort versehen von Walter Obschlager. Frankfurt/M. 1990.

SQ Max Frisch: Schwarzes Quadrat. Zwei Poetikvorlesungen. Hrsg. von Daniel de Vin unter Mitarbeit von Walter Obschlager. Mit einem Nachwort von Peter Bichsel. Frankfurt/M. 2008.

VP Max Frisch: Vivant Professores. Porträtchen in Worten. In: Zürcher Illustrierte Nr. 17, 28. 4. 1933, S. 531.

ZHZ Max Frisch: Vom Zu-Hause-Sein in unserer Zeit. In: Der Mensch in der Welt von heute und morgen. Eine Vortragsreihe des Bayerischen Rundfunks. München 1956, S. 50-63.

Weitere zitierte Quellen mit Siglen und Kurztiteln

Arnold 1975 Heinz Ludwig Arnold: Gespräche mit Schriftstellern. München 1975.

Arnold 2004 Die Gruppe 47. Hrsg. von Heinz Ludwig Arnold. München 2004.

Bienek 1965 Horst Bienek: Werkstattgespräche mit Schriftstellern. München 1965.

Bircher 1997 Urs Bircher: Vom langsamen Wachsen eines Zorns. Max Frisch 1911-1955. Zürich 1997.

FMF Begegnungen. Eine Festschrift für Max Frisch. Zum siebzigsten Geburtstag. Frankfurt/M. 1981.

Frühwald / Schmitz 1977 Max Frisch. Andorra. Wilhelm Tell. Materialien, Kommentare. Hrsg. von Wolfgang Frühwald und Walter Schmitz. München 1977.

Göbler 1991 Max Frisch in der Sowjetunion. Materialien zur Rezeption. Hrsg. von Frank Göbler. Mainz 1991.

Heidegger 1982 Martin Heidegger: Parmenides. Freiburger Vorlesung Wintersemester 1942 / 43. Hrsg. von Manfred Frings. Frankfurt/M. 1982.

Henze 1996 Hans Werner Henze: Reiselieder mit böhmischen Quinten. Autobiographische Mitteilungen 1926-1995. Frankfurt/M. 1996.

Karasek 1966 Hellmuth Karasek: Max Frisch. Velber bei Hannover 1966.

Lokatis 2006 Siegfried Lokatis: »›DDR-Literatur‹ aus der Schweiz, aus Österreich und der Bundesrepublik.« In: Deutsch-deutscher Literaturaustausch in den 70er Jahren. Hrsg. von Monika Estermann. Wiesbaden 2006, S. 42-70.

MBB Materialien zu Max Frisch, Biedermann und die Brandstifter. Hrsg. von Walter Schmitz. Frankfurt/M. 1979.

Pavlova 1965 Nina Pavlova: Max Frischs beunruhigende Fragen. In: Max Frisch in der Sowjetunion: Materialien zur Rezeption. Hrsg. von Frank Göbler. Mainz 1991, S. 13-18.

Priess 2009 Ursula Priess: Sturz durch alle Spiegel. Eine Bestandsaufnahme. Zürich 2009.

Reich-Ranicki 1991 Marcel Reich-Ranicki: Max Frisch. Zürich 1991.

Scheffler 1986 Ingrid Scheffler: Albin Zollinger, Max Frisch und Friedrich Dürrenmatt als Publizisten und ihr Verhältnis zu den Medien. Im Anhang ein Gespräch mit Max Frisch. Frankfurt/M. 1986.

Schmitz 1987 Max Frisch. Hrsg. von Walter Schmitz. Frankfurt/M. 1987.

Schmitz / Wendt 1978 Materialien zu Max Frischs »Andorra«. Hrsg. von Ernst Wendt und Walter Schmitz. Frankfurt/M. 1978.

Torberg 1971 Friedrich Torberg: Ein fruchtbares Mißverständnis. In: Max Frisch – Beiträge zu einer Wirkungsgeschichte. Hrsg. von Albrecht Schau. Freiburg 1971, S. 296-297.

ÜMF II Über Max Frisch II. Hrsg. von Walter Schmitz. Frankfurt/M. 1976.

Viehoff 1983 Reinhold Viehoff: Max Frischs Homo faber in der zeitgenössischen Literaturkritik der ausgehenden fünfziger Jahre. Analyse und Dokumentation. In: Frischs Homo faber. Hrsg. von Walter Schmitz. Frankfurt/M. 1983, S. 244-246.

Von Matt 2001 Peter von Matt: Die tintenblauen Eidgenossen. Über die literarische und politische Schweiz. München 2001.

Forschungsarbeiten zu Frischs Werk (Auswahl)

Die Forschungsliteratur zu Max Frischs Leben und Werk ist sehr umfangreich. Zur weiteren Beschäftigung über die zitierten Texte hinaus sei folgende Auswahl empfohlen.

Biographien

Bircher, Urs: *Vom langsamen Wachsen eines Zorns. Max Frisch 1911-1955*. Zürich 1997.

Bircher, Urs: *Mit Ausnahme der Freundschaft. Max Frisch 1956-1991*. Zürich 2000.

Hage, Volker: *Max Frisch*. Reinbek bei Hamburg 2011.

Hage, Volker (Hrsg.): *Max Frisch. Sein Leben in Bildern und Texten*. Berlin 2011.

Schütt, Julian: *Max Frisch. Biographie eines Aufstiegs*. Berlin 2011.

Von Matt, Beatrice: *Mein Name ist Frisch: Begegnungen mit dem Autor und seinem Werk*. München 2011.

Weidermann, Volker: *Max Frisch. Sein Leben, seine Bücher*. Köln 2010.

Monographien

Albarella, Paola: *Roman des Übergangs. Max Frischs »Stiller« und die Romankunst um die Jahrhundertmitte*. Würzburg 2003.

Arnold, Heinz Ludwig: *»Was bin ich?« Über Max Frisch*. Göttingen 2002.

Balle, Martin: *Sich selbst schreiben – Literatur als Psychoanalyse. Annäherung an Max Frischs Romane »Stiller«, »Homo faber« und »Mein Name sei Gantenbein« aus psychoanalytischer Sicht*. München 1994.

Bohler, Liette: Der Mythos der Weiblichkeit im Werke Max Frischs. New York / Bern u. a. 1998.

Butler, Michael: *The Plays of Max Frisch*. New York 1985.

Foppa, Daniel: *Max Frisch und die Neue Zürcher Zeitung*. Zürich 2003.

Gockel, Heinz: *Max Frisch: Drama und Dramaturgie*. München 1989.

Hoß, Frauke Maria: *Philosophische Elemente im Werk von Max Frisch: Grundphänomene menschlicher Existenz in den Romanen »Stiller«, »Homo faber« und »Mein Name sei Gantenbein«*. Nordhausen 2004.

Jurgensen, Manfred: *Max Frisch. Die Romane. Interpretationen*. 2., erw. Aufl. Bern / München 1976.

Lubich, Frederick A.: *Max Frisch. »Stiller«, »Homo Faber« und »Mein Name sei Gantenbein«.* 3. Aufl. München 1996.
Mayer, Hans: *Frisch und Dürrenmatt.* Frankfurt/M. 1992.
Müller, Claudia: *»Ich habe viele Namen«: Polyphonie und Dialogizität im autobiographischen Spätwerk Max Frischs und Friedrich Dürrenmatts.* München 2009.
Müller-Roselius, Katharina: *Max Frisch. Gebilde Literatur – literarische Bildung.* Paderborn / München 2008.
Natale, Erica: *Rollendasein und verhindertes Erleben. Literatur und literarische Bezüge im Kontext des Stiller von Max Frisch.* Stuttgart 2000.
Petersen, Jürgen, H.: *Max Frisch.* Stuttgart / Weimar 2002.
Rüegg, Sonja: *»Ich hasse nicht die Schweiz, sondern die Verlogenheit.« Das Schweiz-Bild in Max Frischs Werken »Graf Öderland«, »Stiller« und »achtung: die Schweiz« und ihre zeitgenössische Kritik.* Zürich 1998.
Schaad, Isolde: *Vom Einen. Literatur und Geschlecht. Elf Porträts aus der Gefahrenzone.* Zürich 2004.
Schmitz, Walter: *Max Frisch. Das Werk. 1931-1961.* Bern 1985.
Schmitz, Walter: *Max Frisch. Das Spätwerk (1962-1982).* Tübingen 1985.

Materialien- und Quellenbände

Beckermann, Thomas / Schmitz, Walter (Hrsg.): *Über Max Frisch I.* Frankfurt/M. 1971.
Frühwald, Wolfgang / Schmitz, Walter (Hrsg.): *Max Frisch. Andorra, Wilhelm Tell. Materialien, Kommentare.* München 1977.
Höllerer, Walter (Hrsg.): *Der Zürcher Literaturstreit. Eine Dokumentation.* (=Sprache im technischen Zeitalter 22). Stuttgart 1967.
Ramer, Ulrich: *Max-Frisch-Gesamtbibliografie.* Frankfurt/M. 1993.
Schau, Albrecht (Hrsg.): *Max Frisch – Beiträge zu einer Wirkungsgeschichte.* Freiburg 1971.
Schmitz, Walter (Hrsg.): *Über Max Frisch II.* Frankfurt/M. 1976.
Schmitz, Walter (Hrsg.): *Materialien zu Max Frisch »Stiller«.* 2 Bde. Frankfurt/M. 1978.
Schmitz, Walter (Hrsg.): *Materialien zu Max Frisch »Biedermann und die Brandstifter«.* Frankfurt/M. 1979.
Schmitz, Walter (Hrsg.): *Frischs »Homo faber«.* Frankfurt/M. 1983.
Schmitz, Walter / Wendt, Ernst (Hrsg.): *Frischs »Andorra«.* Frankfurt/M. 1984.

Schmitz, Walter (Hrsg.): *Frischs »Don Juan oder Die Liebe zur Geometrie«*. Frankfurt/M. 1985.
Schmitz, Walter (Hrsg.): *Max Frisch*. Frankfurt/M. 1987.

Personenregister

Werkregister

Bildnachweis

© Ruth Berlau / Hilda Hoffmann, Berlin: S. 37
Jerry Bauer / Suhrkamp Verlag: S. 3
ETH-Bibliothek Zürich, Bildarchiv: S. 56 (Foto: Hans Gerber), S. 58
Gottfried Honegger, Zürich: S. 69
Renate von Mangoldt, Berlin: S. 9, 119
Max Frisch-Archiv, Zürich: S. 11, 12 (Foto: W. Pleyer), 13, 14, 15, 19, 23, 29, 31, 35 (Foto: Erich O. Krüger), 44, 48, 53 (Foto: Max Frisch), 71 (Foto: Gerhard Roth), 76, 94, 96, 97, 101, 104, 115, 128 (Foto: Chr. Doehler), 133, 134, 135, 136, 138,
Umschlagfoto: Marie-Agnes Schürenberg
Picture alliance / dpa, Frankfurt am Main (Foto: Heinrich Sanden): S. 64
Ringier Specter Services, Zürich (Foto: Milou Steiner): S. 47
SF / DRS und ARD-Pressedienst: S. 139
H. U. Steger (Weltwoche, 25. Juni 1954): S. 45
Pia Zanetti, Zürich: S. 61, 74, 140

Alle weiteren Abbildungen stammen aus dem Archiv des Suhrkamp Verlages.

Dank

Dieses Buch ist auch mit der Hilfe Dritter entstanden. Dank gilt Margit Unser und Barbara Schmidt vom Max Frisch-Archiv an der ETH-Bibliothek Zürich sowie Jan Bürger vom Siegfried-Unseld-Archiv am Deutschen Literaturarchiv Marbach. Dank gilt sodann Walter Obschlager, Karin Pilliod und Rosemarie Primault für Gespräche über Max Frisch sowie Gegenlektüren des Manuskripts. Ein besonderer Dank gilt Stefanie Leuenberger, die bei der Erarbeitung von Teilen des Manuskripts mitgeholfen hat. Weiterer Dank gilt Mike Zuber für Recherchen und Angela Borgwardt für das Lektorat.